Le Voyage de Ma'an

Nom de la série : Le poisson et la Pièce Monnaie

Il s'agit d'une œuvre de fiction. Les noms, les lieux, les incidents et les personnages sont les fruits de l'imagination de l'auteur ou sont utilisés de manière fictive. À moins qu'il n'y ait eu un consentement clair des personnes concernées, toute ressemblance avec des personnes réelles, à l'exception de la Bible, vivantes ou mortes, des événements ou des lieux est entièrement fortuite.

© 2022 Gloire Emmanuel Ndongala

Tous droits réservés, ce livre ou toute partie de celui-ci ne peut être reproduit de quelque manière que ce soit sans le consentement écrit ou par courriel de l'auteur. L'exception est faite dans le cas de brèves citations incorporées dans des articles critiques et des revues. Pour toute demande d'autorisation, veuillez contacter l'auteur

Coordonnées de l'auteur
Courriel : gloire041988@gmail.com
Instagram : Gloire777
Facebook : Gloire Emmanuel Ndongala

Publié par,
Gloire Emmanuel Ndongala

ISBN : 979 - 8 - 9856473 - 2 - 7

Pour la gloire de Dieu

Le Voyage de Ma'an

le Poisson et la Pièce Monnaie

Table des matières

Ch. 1: Des familles différentes 1

Ch. 2: L'école 8

Ch. 3: Le combat intérieur 13

Ch. 4: Tsel' le Voyant 18

Ch. 5: Notre réflexion 20

Ch. 6: Connaissance surnaturelle 24

Ch. 7: Il y a un "je" dans "juste" 28

Ch. 8: Ma'an rencontre le professeur Mo 30

Ch. 9: Paragon 34

Ch. 10: La tempête se calme 38

Ch. 11: Où est Ma'an ? 41

Ch. 12: Ma'an et les Voyantes 46

Ch. 13: Tsel' et Alziwaq vont rencontrer
        les Voyantes 50

Ch. 14: Mar'ah la sage 59

Ch. 15: Aineakas la guérisseuse 66

Ch. 16: Le reflet d'un miroir 70

Remerciements 76

Bibliography 77

Chapitre 1

Des familles différentes

Ma'an

La mer de Galilée est l'une des mers les plus populaires du monde entier. Au fait, ce n'est pas vraiment une mer, mais le nom sonne beaucoup mieux que celui du lac de Galilée, alors nous avons fait une exception. La mer de Galilée est ma maison. Je décrirais la vie ici comme grandiose, peut - être parce que c'est tout ce que j'ai toujours connu. Il y a une hiérarchie ici parmi nous les poissons. Les meilleurs poissons vivent près de la surface, où la nourriture est abondante, tandis que les poissons moins populaires vivent au fond, où la nourriture est rare.

Il y a trois familles différentes qui vivent au fond, dans mon quartier. Certaines de ces familles sont divisées en différents clans. La famille des *Cyprinidés* est connue pour sa taille massive et ses barbillons, qui ressemblent à des moustaches en forme de guidon. C'est ce qui leur vaut le surnom de *Biny*. Ils sont divisés en trois clans : les *Longiceps* qui ont un ventre massif, les *Canis* qui ont une tête plus grosse, et leurs cousins éloignés, les sardines *Kinneret* qui sont si différentes de leurs cousins qu'avec le temps elles sont devenues leur propre famille - elles sont connues pour leur petite taille. Bien que ces clans soient apparentés, ils ne s'entendent pas tous. Ils restent chacun de leur côté, s'entraident à contrecœur, ne se rendent jamais visite et sont toujours en compétition les uns avec les autres.

La dernière mais non la moindre : ma famille, la famille des Cichlidae. Nous avons deux clans dans mon quartier : le clan de *Tristramella Simonis*[i] connu pour ses différentes nuances d'écailles violettes, et mon clan le *Sarotherodon*[ii]. On nous appelle les Musht, mais faites attention à ce que vous dites quand vous le prononcez. Nous sommes connus pour nos mohawks stylés et les différentes couleurs de nos écailles[iii].

Famille des Cyprinidés

- Longiceps
- Canis
- Kineret — Lointain

Cichlidae

- Simonis
- Musht

La plupart du temps, chaque famille reste attachée à son espèce. Néanmoins, de temps en temps, des bagarres éclatent entre les différentes familles. Pourquoi ces bagarres, vous pourriez vous demander ? Eh bien, laissez - moi vous le dire.

La mer a d'abord appartenu à mon arrière, arrière, arrière, arrière.... Vous voyez ce que je voudrais dire. Bref, c'était mon grand - père *Galilée*. Grand - père Galilée a été choisi par le Créateur de la mer pour être le père de tous les poissons qui *"croient"*, - quoi que cela veuille dire. Jusqu'à aujourd'hui, notre banc de poissons défend bec et ongle notre mer contre tous les autres.

Tous les poissons d'ici vivent à Rocky Cove. Le nom de Rocky Cove vient des monticules de rochers sous - marins. Certains sont aussi gros que des rochers, d'autres sont aussi petits que des galets, et ils entourent tous notre communauté. À certains endroits, du sable et des herbes sous - marines poussent à travers les rochers.

Nous avons tous grandi en entendant des prophéties sur les choses à venir. L'une de ces prophéties affirmait : *"Un jour, il y aura un Homme - Dieu qui aura le pouvoir de calmer la mer, de dompter les tempêtes et de marcher sur l'eau"*. La prophétie poursuivait en disant : *"Le poisson qui le verra faire ces choses emportera une pièce hors de la mer."* Cette prophétie a été transmise de génération en génération, mais personne ne croit vraiment à ces trucs. Je veux dire, j'avais vu beaucoup d'hommes tomber dans l'eau et aucun n'a jamais été capable de marcher sur l'eau. Beaucoup de navires et de bateaux faisant désormais partie de notre domaine ont été écrasés par les tempêtes. Pas une seule personne n'a été capable de calmer la tempête, alors j'ai pensé que ce n'était que des histoires anciennes que les vieux poissons nous racontaient pour transmettre le temps et l'histoire à la génération suivante.

Sans parler du fait que les humains essaient toujours de nous manger, alors pourquoi apporter une pièce en dehors de la mer ? Il va sans dire qu'une grande partie de ce discours provenait des voyants, ceux qui connaissent l'inconnu. Même si je ne les ai jamais vus, on m'a dit qu'ils existaient.

Avant de continuer, laissez - moi me présenter officiellement. Mon nom est *Ma'an* (mah' - an)[4]. Comme je vous l'ai déjà dit, je suis un Musht du banc de Sarotherodon. Chaque groupe est censé rester fidèle à son espèce, mais il se trouve que mes deux meilleurs amis appartiennent à d'autres familles. Mon ami *Alziwaq* (Al - zi - waq - o)[5] vient du banc de Biny Longiceps et mon ami *Tsel'* (Ts - él)[6] vient du banc de Kinneret.

Vous voyez, je ne vois pas vraiment les choses comme ma tribu les voit. Je pense que si Grand - père Galilée était censé être le père de nombreux poissons, cela ne signifierait - il pas que nous sommes tous censés former une famille ? Cette question reste sans réponse parce qu'elle n'a jamais été discutée entre les aînés de notre tribu. En fait, si quelqu'un découvrait mes amis, je pourrais connaître la mort sur une planche de bois. On m'avait dit que c'était une façon atroce de mourir. Les Anciens se réunissaient avec des morceaux de filets abandonnés par les humains. Puis ils vous attachent à une planche d'un des bateaux qui s'étaient écrasés. Alors que vous flottez à la surface, vous devenez le sushi des oiseaux.

Malgré tous les dangers, j'ai toujours refusé d'abandonner mes amis. La façon dont je les ai rencontrés ne pouvait pas être un accident. Vous voyez, quand je suis né, ma mère avait la bouche pleine d'enfants. Littéralement, nous vivions tous dans sa bouche et nous étions censés rester toujours proches. Nous n'étions pas censés nous éloigner de notre crique, mais j'a toujours eu le goût de l'aventure. J'aimais explorer. Un jour, quand notre mère nous a libérés, elle nous a dit de ne pas aller loin, mais il y avait un bateau qui avait coulé à plu sieurs nageoires de là où je me trouvais et je n'ai pas pu m'empêcher d'aller l'explorer.

Mes frères et sœurs m'ont mis en garde, mais je leur ai dit que je pouvais prendre soin de moi. Je me souviens m'être dit : *"Si je peux voir le bateau, je peux les voir du bateau"*.

Je me suis aventuré plus près. Plus près. Plus près du bateau, de plus en plus loin de ma famille. Je ne pouvais plus les entendre. J'admets que j'avais un peu peur en réalisant que j'étais si loin.

"Hé !" J'ai entendu un cri grave, soudain. Je me suis figé, effrayé ! La voix a continué à parler *"Que fais - tu près de mon bateau ?"*

"Je suis désolé, je ne savais pas que c'était votre bateau", ai-je répondu.

La voix a repris la parole : *"Tu as de la chance que je me sens gracieux aujourd'hui, sinon je t'aurais tué ! Maintenant, retourne d'où tu viens, Mu !"*

Quand je l'ai entendu dire *"Mu"*, j'ai su que ce n'était pas un gros poisson effrayant. Seule la famille Kinneret ne pouvait pas prononcer le *"sht"* de notre nom - c'était interdit pour leur clan. J'ai pris la parole, *"Montre - toi, poisson nain !"* La seule chose qu'on n'appelle jamais un poisson Kinneret, parce que c'est une façon de se moquer de sa stature.

J'ai entendu un grand cri venant du poisson Kinneret, *"AAAAAAHHHHHHHHHH !!!!!"*.

Je me suis préparé pour l'impact imminent. Juste avant qu'il ne me frappe, un autre poisson s'est interposé entre nous. Il avait une voix très douce, mais cool en proclamant, *"Yo ! C'est mon bateau !"* C'était un petit poisson de la famille des Billy. Ce n'était pas un adulte, sinon nous serions morts.

Nous étions au point mort et nous n'entendions... rien ! Absolument rien ! Mes écailles ont commencé à se sentir bizarres, comme si nous étions observés alors que nous flottions en silence. Puis je l'ai vu ! Personne n'avait jamais survécu après en avoir vu pour le raconter. Il avait de longs barbillons en forme de ficelle qui sortaient de sa bouche.

"Nage !!!" J'ai crié en nageant frénétiquement vers le bateau. Les deux autres poissons m'ont suivi et on a commencé à se faufiler dans le bateau. On a trouvé des petites fissures et on a nagé à l'intérieur. C'était sombre et inquiétant. On pouvait l'entendre au - dessus de nous. C'était un bruit fort, *"CRRRROAK CRRRROAK !"* Le son résonnait au - dessus de nous.

Nous avons attendu en silence et retenu notre eau pendant ce qui nous a semblé une éternité. Nous avons essayé d'épier par les fentes du bateau dans l'espoir de voir s'il était toujours là. Quand nous avons senti qu'il était parti, nous avons tous poussé un soupir de soulagement. Nous nous sommes regardés pour la première fois et avons ri. J'étais le premier à parler : *"Je m'appelle Ma'an."*

Le petit poisson Biny Kinneret a parlé en second, de sa voix profonde, *"Le mien est Tsel'."*

"Je suis Alziwaq", a dit le poisson Biny Longicep de son ton doux et calme.

L'incertitude de notre situation ce jour - là a été éclipsée par notre nouvelle amitié. À partir de ce jour, nous sommes devenus les meilleurs amis du monde. Ce bateau est devenu l'endroit où nous nous retrouvions secrètement. Là, nous avons juré de ne jamais parler à personne de notre *"club secret"*, car nous savions que si nos familles l'apprenaient, ce serait la fin de notre amitié, voire de nos vies.

Chapitre 2

L'école

Ma'an

Même si nos familles ne pouvaient pas se supporter, elles avaient quand même certaines règles sur lesquelles elles étaient d'accord. Premièrement, quoi qu'il arrive, si nous voyions un humain, nous devions nous alerter mutuellement. Deuxièmement, les adultes s'étaient également convenu que la seule façon de garder les poissons en sécurité était de leur apprendre à survivre ensemble. La dernière règle était que personne n'était autorisé à aller au - delà des bateaux coulés. Ces bateaux se trouvaient à environ 1 000 nageoires de chez nous et nous voulions tous les explorer, même si les adultes ne semblaient pas comprendre pourquoi.

Si vous étiez une larve (bébé poisson), un alevin (enfant poisson), ou un fingerling (adolescent poisson)[7], vous ne deviez pas du tout vous aventurer vers les bateaux. Malheureusement, nous étions encore des alevins, alors c'était interdit... Mais nous le faisions quand même. Notre école était située au centre de nos communautés, où il y avait beaucoup de cailloux et de sable partout. Chaque classe était séparée par de gros rochers. Selon la taille des poissons, nous utilisions des rochers derrière lesquels nous pouvions flotter et continuer à voir par - dessus pour nos tables. Nos professeurs faisaient généralement cours devant une pierre géante appelée la pierre de la connaissance. Ils avaient aussi un bureau en pierre d'où ils faisaient leur cours à l'occasion.

Si vous regardiez les classes d'en haut, vous verriez que notre formation ressemblait à l'image d'un T majuscule de l'alphabet latin. La ligne qui mettait le T en majuscule était l'endroit où se trouvait la pierre d'enseignement, et la ligne centrale descendant sur le T était le mur de séparation. Il y avait au total trois formations en T, chaque T comprenant deux classes.

À l'école, nous apprenions les techniques de survie de base. Nos professeurs étaient des membres de chaque famille. Le premier cours de la journée portait sur la façon dont grignoter de la nourriture pourrait vous sauver la vie. Apparemment, les humains

avaient une façon de cacher des objets pointus dans notre nourriture de sorte que lorsque nous l'avalions, ils pouvaient nous attraper ! C'est ainsi que beaucoup de poissons gloutons (poissons qui aiment manger même après avoir été rassasiés), sont pris et finissent par mourir. Mon père était l'un d'eux.

Mon père, qui était un incroyable Must, adorait manger. Un jour, il a vu de la nourriture flottant au loin. En tentant d'atteindre la nourriture, il n'a pas pu s'en empêcher, il a perdu tout l'enseignement qu'il avait reçu et a refusé de grignoter. Au lieu de cela, il s'est dirigé de toutes ses forces vers la nourriture et nous ne l'avons plus jamais revu. En ce qui concerne les poissons, le grignotage est assez important.

Dans la classe suivante, nous avons appris à lire et à écrire des bulles. Ce cours était mon préféré. Il était enseigné par le seul professeur qui connaissait vraiment la prophétie. Son nom était *MoAwesome*. Il faisait partie du clan Biny. Ma mère m'a dit de ne pas écouter son baratin sur ce qui se trouve au-delà des épaves. Selon elle, il lui a parlé une fois et avait l'air très incohérent. Mais j'avais tellement de questions à lui poser ! J'ai aussi entendu dire qu'il mangeait des alevins. Au lieu de me faire peur, ça m'a donné envie de lui parler davantage.

J'ai entendu dire qu'une fois, un élève est resté après l'école pour lui parler et qu'on ne l'a plus jamais revu. La langue qu'il enseignait est une langue ancienne qu'aucun d'entre nous n'utilise, mais apparemment la prophétie a été écrite par un ancien Betta qui a transmis la technique de parler en bulles à nos Grands Anciens. Nous l'avons pratiquée en classe, juste au cas où l'un d'entre nous serait celui qui réaliserait la prophétie.

Le langage Betta va ainsi : la plus grosse bulle signifie *"Dieu"*. Deux bulles côte à côte sur une ligne signifient *"homme"*. Trois bulles alignées signifient *"poisson"*. La prophétie racontée par les bulles ressemble à ceci : la plus grosse bulle et en dessous deux bulles qui descendent, ce qui signifie *"Dieu va descendre"*. Ensuite, en dessous, il y a des bulles en forme de croix qui signifient "et deviendra" et en dessous, il y a deux bulles côte à côte en ligne quisignifient *"homme"*.

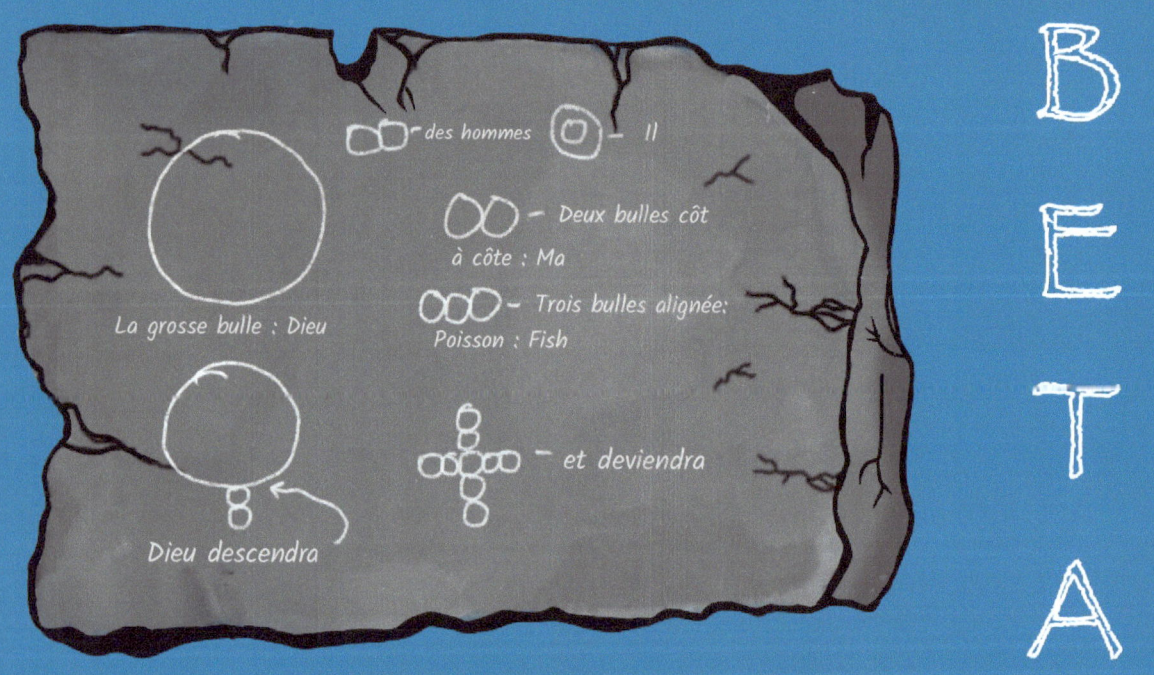
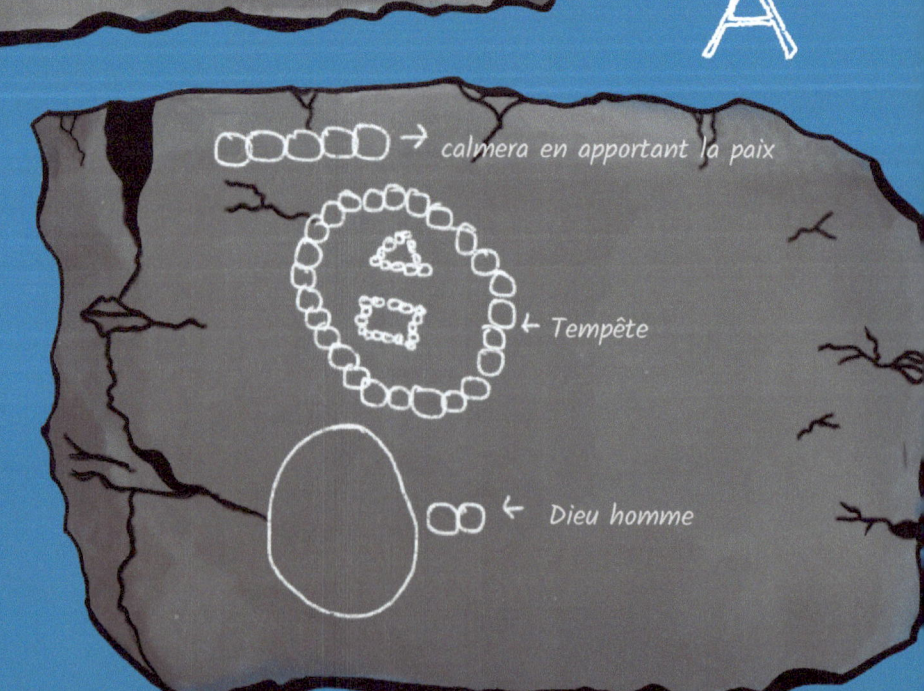

Dans le langage des bulles, les petites bulles qui forment un grand cercle sont le symbole de *''l'eau''*. Les petites bulles qui forment un carré signifient *"nuages"*. Puis il y a des petites bulles qui forment un triangle qui signifie *'vent'*. In the prophecy when you put the square and the triangle made by little bubbles all inside the big circle made also of little bubbles going in a circular line you get the word *'storm.'*

Ensuite, il y a une bulle dans une bulle signifiant *"Il"*, suivie de cinq bulles en ligne parfaite signifiant *"calmera"* ou *"apportera la paix"*, suivies de bulles formant un carré et un triangle à l'intérieur du cercle de bulles signifiant *"tempête"*. Ensuite, il y a la plus grosse bulle et, à sa droite, deux bulles en ligne signifiant *"Dieu homme"*, suivies de bulles en ligne mais tournant de haut en bas, au nombre de six, signifiant "marche". Ensuite, de petites bulles formant un cercle signifient *"eau"*. Elles sont suivies de trois bulles alignées qui signifient *"poisson"*.

Ensuite, deux bulles se chevauchent côte à côte, ce qui signifie *"voir"*. Ensuite, des petites bulles en forme de U signifient *"prendre"*, suivies de trois bulles l'une dans l'autre signifiant *"pièce de monnaie"*. Viennent ensuite des petites bulles en forme de N de l'alphabet latin qui signifient *"sortir"*. Enfin, les petites bulles formant un cercle signifient *"eau"*. Mettez le tout ensemble et il est dit : *"Dieu descendra et deviendra un homme et il calmera les tempêtes et marchera sur l'eau. Le poisson qui le verra calmer la tempête et marcher sur l'eau sortiraune pièce de l'eau."*

Tout ça, c'était du charabia, si vous voulez mon avis. Très confus et difficile à suivre. Mais tout le monde se battait pour être le poisson qui verrait cet homme. C'est pourquoi nous étions tous ennemis de prime abord. Chaque fois que j'étais en classe, je ne pouvais m'empêcher de regarder au-delà de l'endroit où se trouvaient les bateaux et de sentir que j'avais vraiment besoin d'explorer cet endroit. Je voulais, un jour, passer devant ces bateaux et ne jamais revenir.

Chapitre 3

Le combat intérieur

Ma'an

Un jour, alors que je voyageais à travers Rocky Cove, j'ai vu *Badal*, l'un des plus anciens doyens de notre tribu. Normalement, j'essayais d'éviter les anciens parce qu'ils pensent toujours que les jeunes ne font rien de bon. Mais alors que je le dépassais à la nage, je l'ai entendu me dire : *"Tu pourrais être le poisson en question !"*.

C'est reparti ! ai-je pensé. Un autre *fanatique de la vieille école !*

Badal a repris la parole : *"Tu ne crois pas vraiment, n'est-ce pas ?"* Je me suis arrêté et j'ai flotté pendant une seconde en me demandant ce que je devais faire. Normalement, je n'aurais pas fait attention, mais j'étais fatigué d'ignorer la prophétie. Je me suis retourné et j'ai nagé vers lui.

En m'approchant de lui, j'ai demandé : *"Avez-vous déjà vu la tempête se calmer ou l'Homme-Dieu marcher sur l'eau ?"*

Badal m'a fixé d'un air d'observation et a admis: *"Non, mais j'ai vu des tempêtes."*

Je l'ai regardé avec incrédulité. *"Vous êtes sérieux ? Il y a toujours eu des tempêtes. Tout le monde le sait, mais qu'est-ce qu'une tempête a à voir avec un Homme-Dieu qui marche sur l'eau ?"*

Badal m'a de nouveau fixé et a dit : *"Eh bien, si la prophétie a vu juste pour la partie tempête, alors je crois que ce n'est qu'une question de temps avant que le reste ne se mette en place."*

"Alors, qu'est-ce qui l'empêche de se produire ?" ai-je demandé, sincèrement curieux.

Il a souri et répondu : *"Si tu veux vraiment le savoir, retrouve-moi ici après* l'école demain et je te dirai pourquoi la prophétie ne s'est pas réalisée."

Je me suis retourné et j'ai nagé jusqu'à la maison en pensant encore à ce que ce vieux poisson avait dit. Le lendemain, après l'école, je n'arrivais toujours pas à me défaire de ce que le vieux poisson avait dit. J'étais intriguée.

En rentrant à la nage, j'ai vu Badal nager au même endroit où je l'avais laissé hier. Il semblait être en train de réfléchir. Quand il a levé les yeux et m'a vu, il est allé droit au but : *"Alors, tu veux savoir ?"*

J'ai répondu : *"Oui."*

"Viens chez moi et je te le dirai."

J'ai suivi Badal jusqu'à sa maison. Il vivait à Rocky Cave dans une grotte sous-marine qui avait été la maison d'un crabe qu'il avait combattu. La grotte sous-marine était nichée dans un lit d'algues envahi par la végétation. En nageant dans la maison de Badal, j'ai trouvé tout un groupe d'aînés flottant ensemble en cercle.

Il leur a dit, *"J'ai un incroyant."*

Super! ai-je pensé. Je suis sur le point d'être éduqué par ces aînés!

J'étais sur le point de sortir à la nage quand j'ai entendu l'un d'eux dire d'une voix condescendante : *"Ton père croyait en nos traditions, pourquoi pas toi ?"*.

J'ai nagé et fait du surplace pendant un moment ou deux avant de les regarder. J'ai dit : *"J'y crois, mais pas comme vous tous"*. Une pause gênante a suivi, et tous les aînés m'ont regardé fixement. Voulant briser le silence, je me suis empressé de poursuivre : *"Je crois que nous sommes tous les poissons du Père Galilée.*

"Oh, c'est vrai ?" a demandé l'un des aînés. *"Ton père aurait honte de toi ! Nous sommes les descendants du père Galilée ; c'est par nous que la prophétie se réalisera !"*

Je suis sorti de là à la nage, rapidement. Je ne pouvais m'empêcher de penser : *"Et s'ils avaient raison ? Et si je déshonorais l'héritage de mon père en ne croyant pas que nous sommes les élus, que c'est par nous que la prophétie se réalisera ? J'ai nagé* jusqu'à la maison et j'ai essayé de ne plus y penser ce soir-là.

Le lendemain, après l'école, j'ai croisé Badal et il m'a demandé : *"Vas-tu croire ou non ? Nos traditions nous enseignent que c'est du Sarotherodon que cette prophétie s'accomplira. Tu sais où se trouve ma maison ; tu peux flotter dans la vie sans savoir quel est ton but, ou alors tu peux véritablement suivre."*

Après avoir dit cela, Badal est parti à la nage. Je me suis laissé là à penser à l'époque où j'étais une larve avec mon père, et à quel point je voulais être celui qui accomplirait la prophétie. Alors que je repensais à mon père et à la prophétie, mes pensées se sont tournées vers mes amis. J'aimais beaucoup mes amis, mais je savais que je ne pouvais pas les changer, pas plus qu'ils ne pouvaient me changer. Je savais aussi que cette situation pouvait briser notre amitié, et je ne le voulais pas. Je me sentais confus et je sentais qu'un combat faisait rage dans mon cœur.

À l'école le lendemain matin, je ne me sentais pas moi-même. Derrière nos classes, il y avait une forme triangulaire que les murs de pierre du haut du T formaient. C'est là que tous les élèves traînaient avant le début des cours. J'ai vu un groupe de poissons Musht ensemble. Normalement, je les aurais évités parce qu'ils étaient traditionalistes, mais tout ce dont Badal discutait avec moi me faisait contempler la vie et son sens. J'ai nagé vers eux et j'ai dit : *"Hé !"* Ils ont tous eu l'air étonné en regardant dans ma direction, car ils savaient que je ne me souciais vraiment pas des traditions. J'ai pris la parole, ne sachant pas vraiment quoi dire. J'ai commencé la conversation par *"Alors la prophétie..."* et j'ai laissé ma voix se perdre dans l'eau.

"Et alors ?" L'un d'eux a demandé

"Eh bien..." J'ai commencé, puis j'ai bégayé mes mots. *"Ummm, notre famille l'accomplira un jour !"* Ma voix est devenue un fausset alors que je continuais, *"Un jour."* Un jour ! Je n'arrivais pas à croire ce qui était sorti de ma bouche et comment!

Je me suis sentie embarrassée et j'ai commencé à m'éloigner à la nage quand j'ai entendu l'un d'eux prendre la parole et dire : *"Je ne savais pas que tu étais à fond dans la prophétie."*

"Eh bien, tu sais, je..." Quand j'ai dit cela, le silence s'est fait et j'ai eu l'impression que tout le monde écoutait. J'ai continué, *"Je crois en elle maintenant et je crois aussi que nous serons ceux qui la réaliseront."*

"Je vais plonger pour ça", a dit l'un d'eux. En langage poisson, cela signifiait *"c'est fort ça"*. J'ai nagé en me sentant vertueux.

Chapitre 4

Tsel' le voyant

Tsel'

Un autre rêve. Pourquoi est-ce que je continue à faire ces rêves et qu'est-ce qu'ils signifient? Pendant mon sommeil, j'ai été envahi par une obscurité si épaisse que j'avais l'impression de suffoquer. J'étais tellement envahi par cette obscurité que j'ai senti mon corps s'effondrer. La peur s'est emparée de mon âme. Au moment où je me sentais perdre connaissance, j'ai vu une lumière. Cette lumière ne ressemblait à aucune autre lumière que j'avais déjà vue. Elle brillait si fort que son éclat me consumait. C'était comme si la lumière était vivante. Même si elle brillait sur moi, j'étais à l'extérieurde mon corps, je regardais mon corps et derrière moi, il n'y avait aucune ombre. Je me sentais accueilli et aimé dans cette lumière. C'était comme si j'étais chez moi.

Pendant ce moment euphorique, j'ai regardé à droite et j'ai vu le chiffre six face à un miroir. Je ne pouvais pas voir ce qu'il y avait dans le miroir. Puis j'ai entendu une voix - une voix apaisante et retentissante qui disait : *"Va voir ce qu'est le reflet du six."* Alors, j'ai nagé près de lui. À mon grand étonnement, ce n'était pas ce que je pensais que ce serait !

Le reflet était un mot de six lettres. Avant que je puisse comprendre ce que je voyais, la partie supérieure du six est tombée, et tout ce qui restait était un zéro. Son reflet était la lettre "I" du mot (en anglais) à six lettres.

Immédiatement, les ténèbres m'ont à nouveau envahi et je me suis figé. Mon corps ne pouvait plus bouger. Il m'était difficile de parler. J'ai paniqué et j'ai essayé de crier, mais aucun son ne sortait.

Puis, je me suis souvenu de la lumière. En réfléchissant à la brillance de la lumière, j'ai senti mon corps revenir à la vie. Je me suis réveillée en tremblant de façon incontrôlable. J'ai crié : *"Maman ! Papa !"*

Mes parents sont entrés dans la pièce et ont demandé : *"Qu'est-ce qui se passe ?"*

"C'était un autre rêve ?" demanda mon père avec un ton d'agacement. Je leur ai répondu que oui, et leur ai raconté une fois de plus mon rêve. Mon père a dit : *"Souviens-toi toujours que les rêves ne sont pas réels..."*

Avant que mon père n'ait fini de parler, ma mère l'a regardé d'un air sévère et a dit : *"Pik, ils sont réels pour lui"*. Elle s'est tournée vers moi et m'a dit : *"Pourquoi ne retournes-tu pas te coucher maintenant, Tsel'. Tu es en sécurité."*

"Mais j'ai vu une lumière !" ai-je dit avec désespoir. Mon père était déjà retourné dans sa chambre, mais ma mère me regardait comme si elle contemplait quelque chose de lourd. *"Qu'est-ce qu'il y a maman ?"*

"Rien, mon chéri. Retourne te coucher. Tu as école demain."

En me recouchant, je n'ai pas pu m'empêcher de me demander pourquoi ma mère me regardait de cette façon.

J'ai écouté attentivement-peut-être pourrais-je entendre ma mère et mon père parler. Il y avait un silence complet, alors je me suis levé et je suis passé silencieusement dans leur chambre. Tout ce que j'ai entendu, c'est ma mère dire : *"Tu crois qu'il a le don de voyance de ma mère ?"*

Mon père a répondu, *"Ta mère était folle."* Je suis retourné dans ma chambre pour réfléchir à ce qu'ils avaient dit, mais je me suis endormi. La prochaine chose que je savais, c'est que je me réveillais un autre jour.

Chapitre 5

Notre réflexion

Ma'an

"Où vas-tu ?", m'a demandé ma mère.

"Juste pour une baignade rapide, maman !"

"Très bien Ma'an, mais je veux que tu sois de retour dans 30 minutes. Notre banc a trouvé un bon endroit pour manger ; il y a de la nourriture délicieuse sur le sol à environ 500 nageoires à l'Ouest de notre maison."

"Ok !"

Il était temps de retrouver l'équipage et j'étais impatient de les voir. Je me suis rendu à notre club nautique. J'ai regardé autour de moi et personne n'était là. J'ai entendu un bruit à ma gauche et je me suis figé. *"Qui est là ?"* Il n'y avait pas de réponse.

De mon œil gauche, je pouvais voir ce qui ressemblait à deux moustaches flottant sur les côtés de quelque chose. Mon cœur s'est arrêté, c'est... c'est... c'est... J'ai pris mes palmes et j'ai couvert mes yeux. Je me suis souvenu que je m'étais échappé de justesse la dernière fois. Cette fois, il n'y avait aucune chance que je m'échappe.

Puis j'ai entendu un rire profond et j'ai compris qui c'était. *"Les gars, ce n'est pas drôle !"* J'ai dit, d'un ton un peu contrarié.

Alziwaq a dit doucement, *"Je t'ai eu !"*

Tsel' a ajouté de sa voix grave : *"On t'a eu !"*

"N'importe quoi!" J'ai dit avec irritation. *"Je savais que c'était vous depuis le début."*

"Bien sûr", ont-ils dit. Tsel' avait ce regard sur son visage, comme s'il avait fait quelque chose de mal. Alziwaq et moi nous sommes regardés, nous étions sur le point de lui demander pourquoi il semblait coupable quand nous avons entendu des ricanements.

Nous nous sommes retournés et avons vu trois filles nager vers notre club nautique. Chaque fille était d'une de nos familles. De ma famille était *Mar'ah*[8], elle était dans le clan *Simonis*. Elle était très timide, perfectionniste et sage. Contrairement à ma coloration bleue et mes écailles multicolores, son clan était une grande variété de violet chatoyant.

Aineakas (Ah-nah-Kay-Sa) était de la famille des *Cyprinidés*. Contrairement à Alziwaq, Aineakas faisait partie du clan *Canis*. Elle était bruyante et avait toujours quelque chose à dire. Elle ne reculait jamais devant un défi.

Enfin, du clan de Tsel, se trouvait Zerkalo (Zēr-ka-la)[9] qui était très perspicace et mystérieuse.

Aineakas fut la première à rompre le silence et demanda : *"Que faites-vous les garçons si loin de chez vous ? Vous ne savez pas que vous n'êtes pas censés être ici ?"*.

"Ouais !" s'exclama Mar'ah, et Zerkalo hocha la tête en signe d'approbation.

Alors que je m'apprêtais à parler, Aineakas avoua : *" Je plaisante ! Détends-toi."*

Alziwaq et moi avons regardé Tsel' et il a dit : *"Quoi ? Elles ont fait pression sur moi et.... et. . . bien, elles sont ici maintenant. Il faut faire avec."*

J'ai regardé les filles et j'ai dit : *"Vous n'êtes pas les bienvenues ici."* Alziwaq a hoché la tête en accord.

Aineakas a nagé près de moi, a pointé sa nageoire vers moi et a dit : *"Quand tu auras des problèmes et que tu commenceras à réfléchir, rappelle-toi que tu pensais ne pas avoir besoin de nous ! Allez les filles, on y va !"*

Tsel' a supplié : *"Attendez, revenez !"* Les filles n'ont pas prêté attention et ont continué à nager jusqu'à ce que nous ne puissions plus les voir.

Tsel' nous regarda jusqu'à ce qu'Alziwaq dise : *"Je pourrais vous manger !"*.

Tsel' répondit, *"Je parie que tu le ferais, grosse baleine !"*

"Comment tu m'as appelé ?" Alziwaq répliqua.

Je pouvais sentir la tension monter entre eux, alors j'ai sauté entre eux. *"Le poisson ! Poisson ! Calmez-vous !"*

Tsel' cria, *"Je m'en vais d'ici !"*

Alziwaq s'emporta : *"Très bien ! Pars !"*

Tsel' me regarda avec dédain et nagea jusqu'à la maison. J'ai regardé Alziwaq et j'étais sur le point de dire quelque chose, mais je me suis rappelé que je devais être de retour à la maison pour le dîner. J'ai dit rapidement : *"Je dois y aller. Je viens de me rappeler que j'ai promis à ma mère d'être de retour pour le dîner."* Je commençais à aller à la nage, puis j'ai fait demi-tour et j'ai ajouté : *"Je suis sûr que tout va rentrer dans l'ordre entre toi et Tsel'."* Je courus vers la maison dès que je pus. J'ai décidé d'aller là où ma mère avait dit qu'ils seraient. En m'approchant à la nage, j'ai pu voir qu'ils avaient presque tout déblayé du sol.

Ma mère m'a vu et m'a dit : *"C'est gentil de te joindre à nous ! Tu dois faire attention en traînant avec ces garçons."*

Je l'ai regardée, choqué. Elle en savait quelque chose sur mes amis et moi? J'ai rapidement demandé, *"Quels garçons ?*

"Je ne suis pas idiote !" Ma mère a répondu. *" J'existe depuis plus longtemps que toi ! Fais juste attention."* Elle a continué à brouter la nourriture par le bas.

Chapitre 6

La connaissance surnaturelle

Alziwaq

D'aussi loin que je me souvienne, j'ai toujours eu des intuitions sur des choses qu'on ne m'a jamais dites. De la façon dont je le vois, certaines de ces choses ne me concernent pas (comme les problèmes dans les familles), et pour d'autres, je devrais peut-être en savoir plus (comme la façon instinctive dont j'ai su qu'il y a différentes planètes dans le ciel avant même que nous ne l'apprenions à l'école). Parfois, lorsque je suis en présence d'autres poissons, que je les connaisse ou non, j'ai une idée de ce qui s'est passé ou de ce qui se passe actuellement dans leur vie. C'est comme si quelqu'un m'ouvrait le livre de leur vie et que je pouvais voir leur passé aussi bien que leur présent.

Apprendre à connaître notre esprit et à faire la distinction entre l'intuition et les opinions n'était pas quelque chose d'enseigné dans notre monde, en particulier dans le clan Biny. On nous enseignait la survie. Nos vies étaient axées sur la survie du poisson ; soit vous étiez le plus fort, soit le plus faible du clan, il n'y avait pas de place pour l'entre-deux. Nous ne discutions jamais lorsqu'il y avait un désaccord au sein de notre groupe, nous nous battions pour obtenir la résolution à tout prix, même si cela signifiait la mort. En d'autres termes, vous n'auriez pas voulu être un poisson pris dans le mauvais quartier. Si vous vous retrouviez dans cette situation, il y a de fortes chances que vous ne surviviez pas à la nuit.

Mes deux parents sont morts quand j'étais petit, alors j'ai grandi avec mon oncle Qua. Être élevé selon les anciennes règles et manières signifiait que si vous n'étiez pas de son côté, vous étiez juste perdu.

Un jour, alors que je rentrais d'une de nos assemblées, j'espérais que mon oncle ne serait pas là. Même si j'étais reconnaissant qu'il m'ait pris en charge après la perte de mes parents, j'avais peur de lui parce qu'il me criait dessus pour des choses qu'il trouvait mauvaises, même si je ne désobéissais pas délibérément. En entrant dans la maison, j'ai soudainement senti une force frapper mon estomac. Ça m'a fait perdre les pédales.

"Hey bourrique !" a salué mon oncle.

"Salut Oncle", ai-je répondu d'un air penaud. Sans prévenir, c'est arrivé. J'ai eu une parole de connaissance. Je savais que mon oncle avait fait quelque chose de mal. Je l'ai regardé d'un air intense.

Il m'a demandé : *"Pourquoi me regardes-tu comme ça ?"*

"Parce que je sais exactement ce que vous avez fait."

"Je n'ai rien fait mon garçon !" a-t-il argumenté agressivement.

"Si, vous avez fait quelque chose ! Vous et vos potes en avez attrapé un !" Il était choqué que je le sache.

"Comment as-tu... ? Laisse tomber ! Ne te mêle pas de mes affaires ! nous allons lui apprendre une ou deux choses sur la façon de tuer (dans) notre clan ! Nous allons l'attacher à une planche de bois. Tu devrais venir voir comment les vrais hommes gèrent les choses !"

Je n'arrivais pas à croire ce que j'entendais. Je l'ai regardé et j'ai dit : *"C'est contre le code du poisson ! Nous ne croyons plus à la vengeance, depuis la guerre des poissons entre les familles !"*

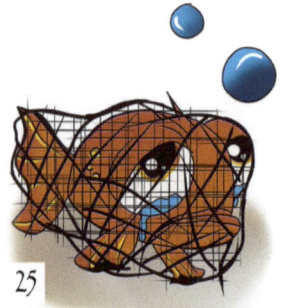

Cela l'a mis en colère et il a nagé rapidement vers moi. J'ai cru qu'il allait me frapper, mais il a simplement dit : *"Espèce de lâche. Sors de chez moi !"* J'étais habitué à ce qu'il fasse des crises de colère ; je savais que cela ne servait à rien de discuter avec lui, alors je suis sorti à la nage.

En partant, j'ai regardé sur le côté gauche de la maison et j'ai vu un petit poisson sans défense attaché dans un filet de pêche. À première vue, je me suis dit que ce n'était Pas mon problème, mais j'ai senti que je devais le libérer avant de partir. J'ai regardé autour de moi et j'ai vu mon oncle saluer ses amis qui venaient d'arriver à la maison. Je savais qu'en entrant dans la maison, ils allaient manger quelques escargots et planifier l'exécution du poisson qu'ils avaient attrapé. Si je devais le libérer, c'était le moment. Je me suis rapidement précipité vers le poisson. En m'approchant, il m'est apparu plus clairement qu'ils avaient attrapé un alevin.

Ils l'avaient enveloppé dans des morceaux de filets que les humains utilisaient pour nous attraper. J'ai rapidement cherché quelque chose de pointu, car je ne pouvais pas déchirer les morceaux de filet avec mes dents. J'ai aperçu quelque chose d'argenté qui se reflétait sur le sol avec un bout pointu. J'ai nagé jusqu'à lui et j'ai vu que c'était un morceau cassé d'un des éléments qui maintiennent les bateaux ensemble. Je l'ai soigneusement ramassé avec ma bouche en m'assurant de ne pas me couper la bouche et j'ai commencé à couper le filet avec les bords tranchants jusqu'à ce que je le libère.

Quand il a été libéré, le poisson m'a regardé avec stupéfaction. Nous nous sommes regardés fixement pendant ce qui semblait être une éternité. Puis il a dit : *"Vous allez tous payer !"* et a nagé rapidement, l'eau trouble dissolvant sa présence. Je suis resté là, silencieux, à penser : *"Quel poisson salé ! Il n'a même pas dit merci !* Au loin, j'entendais mon oncle dire : *"J'ai hâte de m'occuper de ce poisson !"*. Je savais que je devais partir rapidement. S'il découvrait que c'est moi qui ai libéré le poisson, ce serait la fin - on ne trahit jamais les siens. Je suis vite parti vers notre club nautique, ne sachant pas si je serais capable de retourner à la maison.

Chapitre 7

Il y a un "JE" dans Juste

Ma'an

Le lendemain, je me suis rendu à notre lieu de rencontre habituel. À mon arrivée, j'ai été à la fois choqué et heureux de voir Alziwaq et Tsel' m'attendre. Je les ai regardés tous les deux et j'ai demandé : *"Qu'est-ce qu'il y a ?"*

"Nous devons parler", ont-ils dit à l'unisson, d'un ton réticent.

"De quoi devons-nous parler ?" J'ai demandé avec curiosité.

"Eh bien, un poisson nous a dit que vous croyez que votre famille est destinée à trouver la pièce," dit Tsel'.

J'ai ri nerveusement, puis je les ai regardés tous les deux et j'ai demandé : *"Vraiment, les gars. Est-ce que ça a vraiment de l'importance ?"*

La voix d'Alziwaq était remplie d'inquiétude et il a demandé doucement : *"Est-ce vrai ?"*

Tsel' m'a regardé, attendant avec impatience. Je les ai regardés et j'ai répondu : *" Oui, mais c'est seulement parce que notre clan a été le premier à entendre parler de la prophétie. "* Ils ont juste secoué la tête en me regardant avec dégoût. À ce moment précis, j'ai senti l'indignation monter en moi. Je savais que c'était moche, mais je m'en fichais. *" Je suis vraiment désolé que mes croyances vous offensent ! Mais ce n'est pas comme si j'avais menti. Ce que j'ai dit était vrai."*

Tsel' a répondu : *"Je pensais que tu étais différent des autres, mais je réalise que tu as autant de fierté qu'eux."*

Je les ai regardés et je me suis défendu : *"Ne me parlez pas de fierté ! Regardez-vous les gars ! Vous avez encore chacun vos deux parents, moi je n'ai que ma mère."*

Tsel' m'a regardé avec incrédulité et a répondu solennellement : *"Alziwaq a perdu ses deux parents, tu te souviens ?"*

J'ai alors réalisé que je faisais du mal à mes amis. Mais mon désir d'avoir raison l'emportait sur mon amour pour eux. Je les ai regardés et j'ai déclaré : *"Je ne vais pas m'excuser de dire la vérité. Ma famille a été choisie à juste titre. C'est notre destin ; je trouverai cette pièce."*

"Peut-être que tu le feras, mais ce sera sans moi !" s'exclame Tsel'. *"Je m'en vais, et si nous croisons à nouveau, n'agissez pas comme si vous me connaissiez"*. Sur ce, il se retourna et s'éloigna à la nage.

Alziwaq me regarda et dit : *"Quelqu'un m'a dit un jour que l'amour n'est pas égoïste, il ne se soucie pas d'avoir raison à ses propres yeux. Il se soucie davantage d'avoir raison avec les autres par le pardon et la patience. Cela ne signifie pas qu'il aspire à plaire aux autres. L'approbation d'un autre poisson ne devrait jamais dicter votre vie. Ce que cela signifie plutôt, c'est que je préfère être offensé que de porter l'offense."*

Ce qu'Alziwaq a dit était puissant à écouter, mais pour une raison quelconque, cela n'a rien fait pour changer mon cœur. Mon esprit était fixé. Je ne pouvais que raisonner avec ce que les aînés m'avaient dit. Nos traditions, pour moi, étaient la seule chose qui me reliait encore à mon père. Les abandonner, j'ai réalisé que ce serait comme le tuer à nouveau.

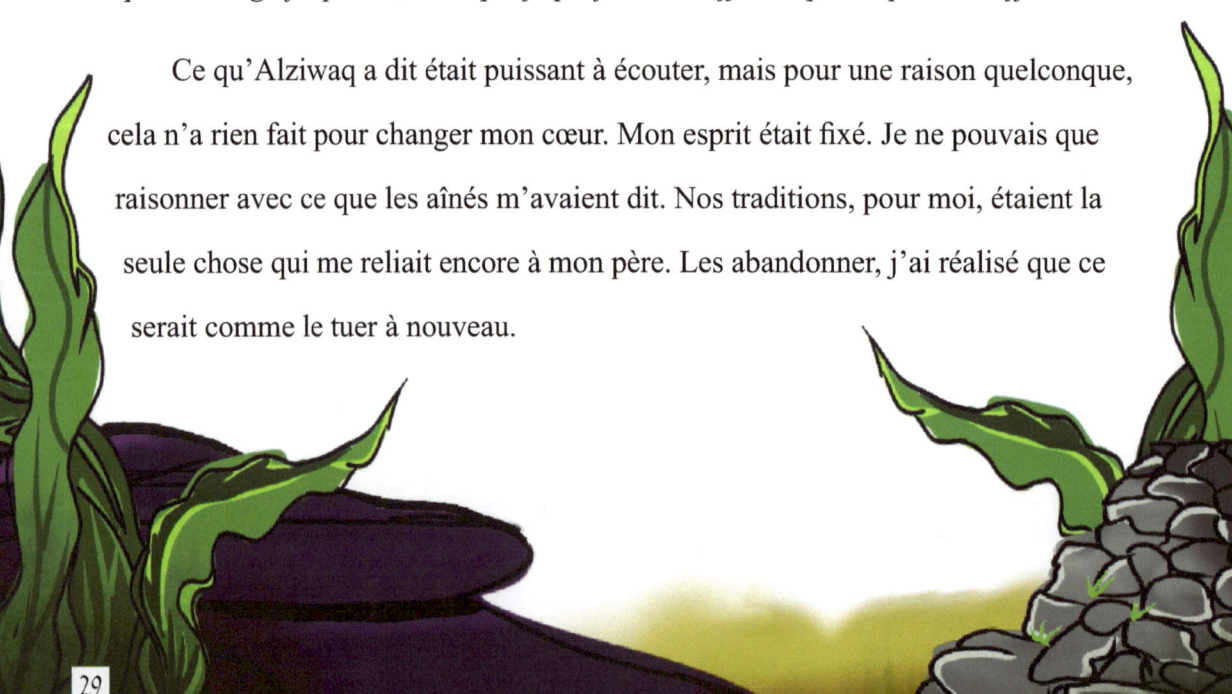

Chapitre 8

Ma'an rencontre le professeur Mo

Ma'an

Après notre dispute, Tsel', Alziwaq et moi ne nous parlions presque plus à l'école et je ne suis plus retourné à notre club-house. Je me suis dit que *je n'avais pas besoin d'eux*. Alors que j'étais assis dans la classe du professeur, mon esprit était ailleurs, au-delà des épaves. J'étais déterminé à parler au professeur Mo après l'école pour discuter de ce que j'avais en tête.

Dès que nous sommes sortis de la classe, je suis resté à ma place et j'ai attendu que tous les poissons soient partis. Puis je me suis approché de lui. J'ai demandé nerveusement, *"Bonjour... Professeur, umm... je peux demander quelque chose ?"* Je ne m'étais jamais approché aussi près de lui auparavant. Je pouvais voir quelques cicatrices sur son côté droit, et je ne pouvais pas m'empêcher de les fixer.

Il m'a regardé et m'a demandé : *"C'est à propos de mes cicatrices ?"*

Gêné, j'ai rapidement répondu : *"Non !.. Euh, désolé. C'est à propos de la prophétie."*

"Qu'est-ce qu'il y a ?" Il avait l'air irrité.

"Eh bien, j'ai entendu dire que vous en savez plus sur la prophétie ?" J'ai ajouté rapidement.

"Tu n'as pas peur de moi, comme les autres alevins ?" Je l'ai regardé fixement. *"Tu ne sais pas que je pourrais..."* Il a fait une pause, puis s'est jeté sur moi en riant et en disant *"TE MANGER ?!"*.

Je ne savais pas quoi penser de tout cela, mais je ne me sentais pas en danger. À ce moment-là, il y a eu un bruit. Je me suis retourné pour regarder d'où il venait. Quand je me suis retourné, j'ai vu le Professeur Mo sous la table en pierre, tremblant.

À ce moment-là, j'ai compris que toutes les histoires que les poissons avaient dites sur lui étaient fausses. Il était (en langage poisson) ce que nous appelons, bulle. Une *bulle*, c'est quelqu'un qui peut facilement éclater sous la pression. Je l'ai regardé et j'ai demandé : *"Tout va bien ?"*

Il s'est rapidement levé : *"Oui, tout va bien. Pourquoi ça ne le serait pas ?"* Puis il a rapidement changé de sujet pour revenir à la prophétie.

"Eh bien, vous n'êtes pas celui que je pensais que vous étiez", ai-je dit.

m'a regardé avec incrédulité : *"Pourquoi ? Est-ce parce que tu as réalisé que moi aussi j'ai des faiblesses ?"* J'ai détourné les yeux et suis resté silencieux. Il a poursuivi : *"Écoute, mon alevin, la vie ne dépend pas de la force d'un poisson, il s'agit d'admettre que tu as besoin d'aide et de faire confiance à quelque chose de plus grand que toi."*

Je me suis arrêté, et bien que je n'arrivais pas à saisir complètement ce qu'il disait, je l'ai regardé et j'ai dit : *"J'écoute."*

Il a alors commencé à me dire qu'il y avait plus dans la prophétie que ce que l'on peut voir. Il a raconté que lorsqu'il était jeune, son père lui a raconté une histoire : *"Mon grand-père n'était qu'une larve le jour où il a nagé vers la surface un soir de printemps."* Alors que me racontait cette histoire, il bougeait et maintenait un regard lointain. Comme s'il se souvenait de l'endroit où il se trouvait, il s'arrêta et m'observa un moment avant de poursuivre : *"En atteignant la surface, il était là !"*. a prononcé les derniers mots dans un murmure.

"C'était quoi ?" J'ai demandé immédiatement.

"La Lumière," répondit . J'ai hoché la tête pour qu'il continue et a continué à me parler de la lumière qu'il avait vue. Il l'a décrite comme une lumière venant du ciel et se propageant au-dessus d'un endroit particulier. *"Cette lumière ne ressemblait à aucune autre lumière qu'il avait déjà vue — elle ne bougeait pas ! C'était comme... . ."*

"C'était comme quoi ?" J'ai demandé avec anxiété.

"C'était comme un signe que la prophétie avait commencé. Depuis ce jour, mon grand-père, mon père et moi n'avons pas cessé d'aller à la surface, chaque fois qu'il y a une tempête, dans l'espoir de voir la prophétie s'accomplir." Après m'avoir raconté cela, il m'a regardé et a dit : *"J'ai toujours pensé que ce serait quelqu'un de notre clan qui accomplirait la prophétie, mais j'avais tort. Je sais maintenant qu'il faudra que nous travaillions tous ensemble pour l'accomplir car nous sommes tous les descendants du père Galilée, que ce soit par naissance ou par foi."*

Je n'arrivais pas à croire ce que j'entendais ! a dit ce que j'avais l'habitude de croire !

Alors que je flottais en le fixant, il m'a regardé et a dit : *" Il y a ces dames qui vivent au centre de la mer. Elles sont les Voyantes. Elles servent Celui qu'on appelle AGAPE dont l'esprit est très mansuétude. Personne n'est plus doux que Lui, et Il est ardemment véridique. Mais tu ne peux pas le faire tout seul ; elles ne parleront qu'à celui qui calme la tempête et à l'Homme-Dieu qui marche sur l'eau. Pour les trouver - si c'était toi - suis le soleil à rebours jusqu'à ce que tu atteignes les sources profondes de l'abîme. Il y aura six sources sous-marines en cercle et la septième sera au milieu de toutes. C'est dans l'une de ces sources qu'elles demeurent."*

Chapitre 9

Paragon

Ma'an

Il y avait beaucoup à penser après avoir quitté MoAwesome. J'ai nagé jusqu'à la maison sans savoir comment me sentir. Quand je suis rentré, ma mère m'a appelé.

"Oui, maman ?" J'ai répondu.

Elle a poursuivi en disant : *"Viens ici. Je veux te parler de notre dernière conversation."*

"Pas encore !" J'ai soupiré dans mon souffle. *"Je vous ai déjà écoutée et je me suis débarrassé de ces amis."* Elle m'a regardé d'un air malheureux. J'ai dit : *"Vous m'avez dit de faire attention."* Avant que je ne finisse, elle a nagé près de moi, m'a embrassé et m'a dit : *"Ma'an, je n'ai pas dit ce que j'ai dit parce qu'ils étaient de familles différentes, je voulais juste que tu sois prudent."*

Je l'ai fixée, me sentant très engourdi. *" Puis-je aller me coucher maintenant ? Il est un peu tard."*

"Bien sûr."

J'ai nagé jusqu'à ma chambre. J'étais en colère, tellement en colère ! *Comment ont-ils pu être aussi méchants avec moi ? Je vais leur montrer !* Je me suis dit. *Chaque jour, je vais nager jusqu'à la surface jusqu'à ce que je réalise la prophétie.*

En dormant cette nuit-là, je me suis senti lourd. Une belle et subtile mélodie s'est mise à jouer dans mon esprit. J'étais déconcerté par le son ; je ne pouvais pas comprendre d'où venait cette musique semblable à une symphonie. Juste au moment où elle semblait se terminer, il y a eu une cadence de modulation, une autre note musicale a été jouée. Puis, soudain, l'euphonie musicale s'est arrêtée. Après que la combinaison du ton et du rythme ait cessé, j'ai entendu le nom de *"Paragon"* chuchoté dans ma chambre. J'ai dit : *"Qui est là ?"* Un silence de mort fut la seule réponse et *je me suis dit que je devais être en train de perdre la tête.*

Soudain, j'ai entendu une voix qui parlait avec ruse : *"Je suis Paragon. Je suis celui que tu veux que je sois."* J'ai regardé dans ma sombre chambre et j'ai vu ce qui semblait être des pierres brillantes qui scintillaient.

"Que—que veux-tu ?" J'ai bégayé.

Il a répondu : *"Ce n'est pas ce que je veux, mais ce que tu veux, plus que tout."*

J'ai senti cette déclaration tirer en moi et j'ai dit, *"Tu as mon attention"*.

La voix m'a répondu : *"Cède à ta haine, utilise-la comme un moteur. Permets-lui de te guider. Ne pardonne pas. ... fais tout cela et tu obtiendras ce que tu cherches."*

Je n'ai rien répondu ; j'ai pensé, *comment savait-il que je voulais accomplir la prophétie ?*

Paragon a continué et a dit : *"Je sais comment tu peux accomplir la prophétie. Il y a un temple au Sud de la mer. Vas-y et je te donnerai la pièce."*

Le lendemain, je suis allé voir le professeur Mo et lui ai demandé : *"Y a-t-il un temple au Sud de nous ?"*

Me regardant d'un air sévère, MoAwesome a demandé : *"Qui t'a parlé du temple?"*

"J'ai entendu quelqu'un en parler, c'est tout."

"Regarde ces cicatrices !" MoAwesome a parlé d'un ton que je n'avais jamais entendu de sa part auparavant. *"Que ces cicatrices soient un avertissement pour toi ! Ne pars pas au Temple !"*

En quittant sa classe, je pouvais sentir la colère monter en moi, et ces pensées me sont venues à l'esprit, *MoAwesome doit me cacher quelque chose ! Sinon, pourquoi m'aurait-il caché l'information sur le Temple lors de notre première conversation ?* Je me suis souvenu que pour aller vers le Sud, il suffisait de regarder où le soleil se lève et où il se couche. Je me suis souvenu que le soleil se lève à l'Est et se couche à l'Ouest. Je savais aussi que le courant va vers le Sud, mais il était aussi difficile de vraiment trouver le courant. Je devais encore trouver comment différencier le Nord du Sud.

Je savais que je devais partir tôt le matin, avant que ma mère ne se réveille. Donc, avant le lever du soleil, je me suis faufilé dehors, j'ai nagé jusqu'à la surface et j'ai attendu que le soleil se lève. Quand il s'est levé, j'ai nagé jusqu'au fond de la mer et j'ai commencé à utiliser des pierres pour cartographier le soleil. Je faisais cela afin de connaître sa trajectoire exacte. Toutes les trois heures, je remontais et voyais la course du soleil. Puis je redescendais et je plaçais une autre pierre jusqu'à ce que le soleil se couche. À la fin de la journée, je savais quelle direction était l'Est et quelle direction était l'Ouest. J'avais encore du mal à déterminer quelle était la direction du Nord et du Sud. J'étais déterminé à le découvrir demain.

Le lendemain, à l'école, l'un de mes professeurs - qui nous a appris à trouver notre chemin lorsque nous étions perdus - a parlé d'une lumière qui brille le plus dans la nuit. Il a dit que ce n'est pas la plus grande lumière mais c'est la plus brillante. La nuit venue, je n'ai pas attendu pour nager jusqu'à la surface. Une fois que je l'ai atteinte, j'ai regardé le ciel et j'ai vu la lumière. C'était mon dernier repère, j'avais ce dont j'avais besoin pour aller au Temple.

Chapitre 10

La tempête s'est calmée

Ma'an

    Le matin est arrivé et je me suis mis en route sans dire à personne que je partais, encore moins où j'allais. Je savais que s'ils le découvraient, ils essaieraient de m'arrêter, et j'étais déterminé à remplir ma mission de voir le Temple. J'ai commencé à nager et quand je suis arrivé à notre club house, je me suis arrêté un instant. Pour la première fois de ma vie, je suis allé au-delà de l'épave du navire (où l'on avait l'habitude de nous rencontrer). Pendant que je nageais, j'ai cru entendre quelqu'un appeler mon nom. Je me suis arrêté un instant, puis j'ai entendu une voix dire : *"Ne regarde pas en arrière."* J'ai continué à avancer, vers un endroit où je n'étais jamais allé, enthousiaste et effrayé à la fois. Sans prévenir, quelque chose s'est produit que je n'avais pas prévu. En levant les yeux, j'ai vu une multitude d'éclairs et j'ai entendu des grondements de tonnerre. Ce qui avait été un jour calme quelques instants auparavant, s'était transformé en une nuit noire. J'étais violemment ballotté d'avant en arrière ; je n'avais jamais été dans une telle tempête auparavant. Il y avait aussi une bataille interne en moi.

    J'entendais ce qui semblait être une voix paisible me dire : *"Va et vois"*. À peine ces mots étaient-ils prononcés que j'entendais une autre voix dire : *"Tu as déjà la pièce."* J'ai attendu pendant ce qui m'a semblé être une éternité. Puis j'ai sursauté en nageant frénétiquement vers la surface. Ce dont j'ai été témoin ne pouvait être décrit que comme un rêve.

    En sortant de l'eau, j'ai vu ce qui ressemblait à 30 000 palmes de haut de vagues venant droit vers moi. Au milieu de toutes ces vagues, il y avait un bateau. Alors que je me retournais pour revenir à la nage, j'entendais les hommes crier *"Au secours ! On est en train de couler !"* Au moment où je me disais : *"Encore un bateau stupide qui va faire partie du club-house"*, j'ai entendu l'un d'eux dire : *"Réveillez le Maître!"*

Je me suis retourné et j'ai vu un homme sortir du fond du bateau. Il regarda la mer et la tempête et demanda simplement : " Silence ! Tais-toi !" Les vagues se sont toutes aplaties, les nuages se sont tous déroulés, un peu comme l'avant des algues se déploient. Le soleil brilla et le ciel le plus bleu que je n'avais jamais vu est apparu.

Je n'arrivais pas à croire ce que je regardais. C'était Lui ! Il était vraiment là ! L'homme ne brillait pas comme je l'aurais cru. Il ressemblait à un homme ordinaire, mais il parlait comme s'il était le Créateur de la mer. Je l'ai entendu dire aux hommes qui l'accompagnaient : *"Pourquoi avez-vous si peur ? N'avez-vous toujours pas la foi ?"*

Je flottais là, stupéfait, et je regardais le bateau passer sur l'autre rive. Je suis retourné à la nage et je n'arrivais pas à croire ce que je venais de voir. Je voulais aller le dire aux autres mais je n'arrivais pas à rassembler le courage nécessaire.

Les mots que l'homme a prononcés résonnaient continuellement dans mes otolithes : *"Pourquoi as-tu si peur ? N'as-tu toujours pas la foi ?"* Je ne pouvais m'empêcher de me demander si j'avais encore la foi. Je me sentais confus. Paragon m'avait promis la Pièce, mais je n'avais vu que la première partie de la prophétie. Et puis, si Paragon ne m'avait pas dit d'aller au Temple, je n'aurais certainement jamais vu l'Homme-Dieu apaiser la tempête. Je flottais là, perdu dans mes pensées et incertain de ce que je devais faire ensuite. Puis une pensée m'est venue, *qu'en est-il des voyantes ?* Il y avait tellement de confusion dans mon esprit que cette pensée m'a soulagé. Savoir ce que j'allais faire m'a apporté la paix dans le cœur. Je me suis dirigé vers le centre de la mer où vivaient les voyantes.

Chapitre 11

Où est Ma'an ?

Le Narrateur

"Quelqu'un a-t-il vu mon fils ? à l'aide !" La mère de Ma'an s'est mise à hurler frénétiquement.

"Qu'est-ce que c'est Madame Penayel ?" demande Monsieur *Gayvaw*, le directeur des écoles.

"C'est mon fils", a crié Penayel. *"Je ne l'ai pas vu depuis deux jours !"*

"Avez-vous vérifié auprès de votre clan ? Nous savons tous que son père aimait. . ." Mr. Gayvaw s'interrompt lorsqu'il se rend compte que Penayel n'est pas de bonne humeur. *"Je vais vous dire"*, dit M. Gayvaw. *"Je vais informer tous les professeurs à-propos de votre fils, Ma'an, et ils pourront demander aux autres poissons s'ils l'ont vu. Mais il y a une bonne chance. . . bien oui."*

Le directeur fit une annonce à travers la coquille d'escargot qui aidait sa voix à porter dans toute l'école. Tsel' et Alziwaq échangèrent un regard troublé en l'entendant. Ils ont brusquement quitté leur classe et sont sortis rapidement à la nage. Ils se sont dirigés vers la maison de Mme Penayel. Pour la première fois depuis des générations, deux poissons d'autres tribus venaient chez la tribu Musht sans l'approbation des aînés. Ce n'était pas un moment de bienvenue. De nombreux poissons aînés se sont approchés en colère et les ont menacés.

Mais cela ne les a pas découragés. Ils ont dit avec audace : *"Nous devons parler à Mme Penayel. Nous pensons savoir de quel côté Ma'an a pu aller."*

À ce moment-là, Mme Penayel est sortie et a dit à la foule qui s'était rassemblée autour d'eux, sur un ton furieux : *"La dernière chose que vous voulez faire, c'est de m'embêter maintenant, vous, les poissons, vous feriez mieux de laisser ces alevins tranquilles !"* Après l'avoir entendue parler, chacun d'entre eux est retourné à contrecœur dans sa Crique rocheuse. *"Les garçons, venez dans ma maison et dites-moi où vous pensez que Ma'an est"*, dit-elle avec un regard triste sur son visage.

Ils entrèrent dans sa maison et Alziwaq prit la parole : *"Je l'ai vu il y a deux jours se diriger au-delà de l'épave du navire."*

Mme Penayel soupira et secoua la tête comme si ce qu'Alziwaq disait confirmait ce qu'elle ressentait déjà dans son cœur. Elle les a regardés pendant un long moment et a demandé : *"Qu'allez-vous faire à ce sujet ?"*

Ne s'attendant pas à cette réponse, ils se sont arrêtés, ne sachant pas quoi lui répondre.

Madame Penayel a poursuivi : *"Mon fils vous adore. Je sais qu'il y a eu une dispute entre vous trois, mais rappelez-vous toujours que le mot ami (de l'anglais friend) contient le mot fin (end). Pas parce que c'est censé se terminer, mais parce qu'il dure jusqu'à la fin. Maintenant que je suis vieille, je ne peux pas aller à la recherche de mon fils, mais. . .."*

Avant qu'elle ne termine sa phrase, Tsel' a pris la parole : *"Nous savons ce que nous devons faire."*

Ils sortirent de la maison et retournèrent à l'école. *"Il n'y a qu'un seul poisson qui peut nous aider maintenant"*, dit Alziwaq.

Tsel' a répondu avec insistance : *"Professeur Mo."*

Le temps qu'ils arrivent, l'école était terminée et ils se sont précipités vers le professeur Mo. *"Professeur ! Professeur !"* ils ont crié.

"Qu'est-ce qu'il y a encore ?" demanda MoAwesome d'un ton sévère.

Tsel' et Alziwaq se regardèrent et Tsel' dit de sa voix grave : *"Ma'an a disparu et nous avons pensé, eh bien nous savons que vous connaissez la mer mieux que quiconque. . ."* La voix de Tsel s'est tue.

Alziwaq ajouta : *"Pourriez-vous nous aider à le trouver ?"*

MoAwesome les regarda intensément et demanda : *"Pourquoi êtes-vous tous les deux ensembles ?"* Tsel' et Alziwaq ont été surpris par la question. Il insista : *"Alors ?*

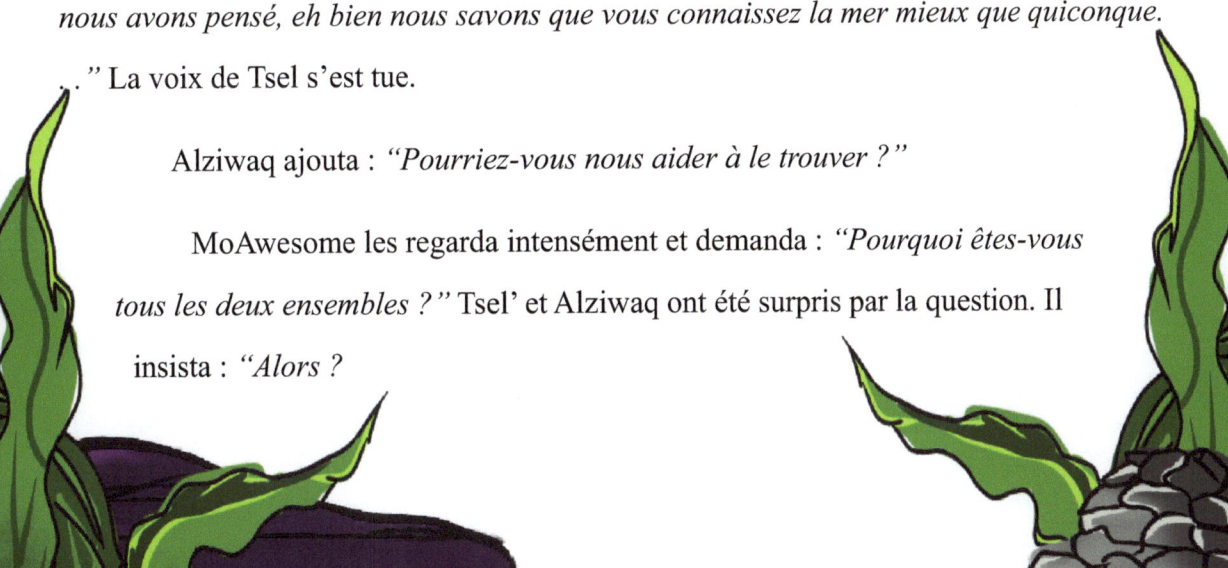

Alziwaq prit la parole de sa voix douce : *"Peu importe les écailles d'un poisson, il reste un poisson et c'est tout ce qui compte pour nous."*

MoAwesome sourit et dit simplement, *"Bien"*.

Il a ensuite commencé à leur raconter tout ce qu'il avait dit à Ma'an, mais il s'est arrêté. Ils ont tous deux demandé : *"Qu'est-ce que c'est ?"*

Il les a regardés et a répondu, *"Il a évoqué le Temple."*

"Qu'est-ce que c'est ?" Tsel' a demandé.

"Comment vous êtes-vous échappé ?" demanda Tsel'. *"C'est un lieu de douleur. J'ai été attiré là-bas par celui qu'ils appellent Paragon. Si Ma'an s'y rend, nous ne le reverrons peut-être jamais."*

"S'échapper ? Qui a dit que je m'étais échappé ?" Le ton de MoAwesome s'est légèrement moqué de ce souvenir, puis s'est adouci quand il a continué : *" J'ai été sauvé par Agape, le Magnanime. "*

"Qui est-il et comment pouvons-nous le trouver ?" demandèrent-ils tous deux.

MoAwesome les regarde dans les yeux et répond : *"Si vous le cherchez ardemment, vous le trouverez. Maintenant, écoutez bien, il y a ces voyantes qui vivent au centre de la mer. Bien qu'elles ne vous parleront que si vous avez accompli la prophétie, peut-être, juste peut-être, en sauront-elles plus. Suivez le soleil à rebours jusqu'à ce que vous atteigniez six sources en cercle avec la septième au milieu ; dans l'une de ces sources, elles demeurent."*

Chapitre 12

Ma'an et les voyantes

Ma'an

J'ai trouvé quelques rochers empilés entre lesquels se trouvaient des trous ressemblant à des grottes où je pouvais dormir pour la nuit. Le matin venu, j'ai réfléchi à ce que le professeur Mo m'avait dit : *"Suis le soleil en reculant (en regardant en arrière)."* Qu'est-ce que cela signifiait de suivre le soleil à rebours ? C'est alors que j'ai entendu un bourdonnement. *"Qui est là ?"* J'ai demandé.

Le bourdonnement est devenu de plus en plus fort à mesure que cette mystérieuse créature se rapprochait. Quand je l'ai vue, j'ai expiré de l'eau avec soulagement. C'était un poisson Salaria. Les poissons Salaria n'étaient pas grands et avaient un visage très défini. Ils restent sans nom, c'est pour leur protection. Il m'a regardé et m'a demandé malicieusement : *"Comment puis-je être utile ?"* On m'avait toujours dit qu'ils étaient l'espèce de poisson la plus serviable de la Mer, mais ce n'était pas gratuit.

Je me suis demandé si je devais ou non m'embrouiller avec ce Salaria. Je l'ai regardé et j'ai décidé d'engager la conversation : *"Je suis intrigué par quelque chose que mon professeur m'a dit."*

"Une énigme ? J'adore les énigmes ! Dis-moi", a-t-il dit sournoisement.

Je lui ai demandé, *"Qu'est-ce que je vous devrai si vous la résolvez pour moi ?"*

Il a souri et a répondu : *"Ce dont j'ai le plus besoin."*

"Qu'est-ce que c'est ?" J'ai demandé avec irritation.

46

"Je ne dois rien dire à moins que tu ne dises non. Donc, si tu veux mon aide, je t'aiderai et si je t'aide, tu me devras", a-t-il répondu. J'ai accepté. Je lui ai dit ce que mon professeur avait dit, et il a flotté un peu en arrière et s'est exclamé : *"Un casse-tête en effet !"*

Je l'ai fixé du regard et j'ai demandé désespérément : *"Savez-vous ce que cela signifie ?"*

Il a répondu, *"Bien sûr, je le sais."* Mais il a simplement flotté là. Cela m'a un peu énervé et il pouvait voir que je me mettais en colère. Il m'a dit : *"Tu devrais vraiment contrôler ton tempérament."*

J'ai rapidement ajouté : *"Je ne vous ai pas demandé d'être mon conseiller. Vous allez me le dire ou pas ? Si vous ne le faites pas, je m'en vais !"* Alors que je commençais à m'éloigner à la nage, il a dit : *"Là où le soleil se lève, il ne se couche pas. Là où le soleil se couche, il ne se lève pas."*

Qu'est-ce que ça pouvait bien vouloir dire ? Je l'ai regardé et j'ai dit : *"Je vous demande de l'aide pour résoudre un problème difficile à comprendre et vous me dites quelque chose d'encore plus difficile à comprendre ! Je vais… ."* Pendant que je parlais, j'ai réfléchi à ce qu'il avait dit, et je m'étais rendu compte que ça avait tout son sens. Le soleil ne se lève qu'à l'Est et se couche à l'Ouest, donc je dois aller à l'Est quand il se lève. Je dois suivre le soleil à rebours (en reculant). *"Ok, qu'est-ce que voulez-vous que je fasse ?"* J'ai demandé.

En me regardant, il a dit : *"J'ai besoin que tu arrêtes d'être si colérique."*

J'ai été déstabilisé par ce qu'il a dit. Frustré, je suis parti à la nage vers le lever du soleil. Il en avait des nerfs le poisson, j'ai pensé.

J'ai nagé pendant ce qui m'a semblé être quatre heures et j'ai trouvé de la nourriture au fond de la mer. Après avoir mangé, j'ai continué dans l'eau sans savoir à quoi m'attendre. Mon environnement ne ressemblait à rien de ce que j'avais déjà vu. Il y avait tellement de poissons différents qui nageaient et vivaient. Les montagnes sous-marines étaient couvertes d'algues et de petits animaux appelés Zooplancton qui brillaient majestueusement. C'était impressionnant, mais je n'ai pas eu le temps d'en profiter. Il y avait un chemin entre les montagnes que j'ai suivi, me précipitant parmi tous les poissons pressés d'arriver là où je voulais aller. J'ai continué à nager jusqu'à ce que je voie le sombre abîme. Il semblait profond et effrayant, mais je n'allais pas faire demi-tour maintenant.

J'ai nagé encore plus bas jusqu'à ce que je voie les six sources en cercle avec la septième au milieu. J'étais déconcerté par ce que je voyais. La source du milieu était rouge et toutes les autres étaient blanches. Comme je m'approchais, j'ai entendu une voix demander : ``Pourquoi es-tu venu à nous ?"

Avec de la terreur dans la voix, j'ai répondu : "Je suis ici parce que j'ai accompli la prophétie !"

"Es-tu seul ?"

"Oui", ai-je répondu.

"Alors tu mens ! Le voyage n'était pas destiné à être fait par un seul, mais par ceux qui sont un. De plus, Agapé nous dit qu'il y a le manque de pardon dans ton cœur. En ce moment, tu n'es pas l'élu(e). Le but doit être énoncé de trois manières différentes par celui à qui le but appartient et il doit être reflété de trois manières différentes chaque fois par ceux qui en sont la réflexion par le nom".

"Que voulez-vous dire par là ?" Comme ils ne répondaient pas tout de suite, je me suis mis en colère et j'ai crié : *"Je n'ai pas besoin de vous ! Je vais le faire moi-même!"* Je n'arrivais pas à croire ce qu'il disait et qu'il refusait de me répondre ! J'étais allé trop loin pour m'arrêter maintenant ! *"Paragon est le seul qui soit pour moi ! Ce qu'il dit est facile à comprendre ! Je vais au Temple !"*

Chapitre 13

Tsel' et Alziwaq vont rencontrer les voyantes

Le Narrateur

"Qu'allons-nous faire ?" Alziwaq demanda à Tse'.

Tsel' répondit : *"Nous devons aller rencontrer les Sages".*

"Mais tu as entendu le professeur Mo", dit Alziwaq. *"Ils ne nous parleront que si nous avons accompli deux parties de la prophétie : voir la tempête se calmer et l'Homme-Dieu marcher sur l'eau."*

"Peut-être qu'ils savent où se trouve Ma'an, et ça vaut la peine d'essayer. Retrouvons-nous au clubhouse dans environ deux heures. Je dois prévenir ma mère, mais je sais que mon père ne comprendra pas", dit Tsel'.

"Maman !" Tsel' a appelé quand il est rentré à la maison

"Qu'est-ce qu'il y a ?" répondit-elle.

"Tu sais ce garçon qui s'est perdu ?"

"De la famille Mu ?"

"Oui."

"Qu'est-ce qu'il y a avec lui ?" demanda-t-elle.

"Je sais peut-être où il est, et Alziwaq et moi--"

"ATTENDS, QUI EST ALZIWAQ ? tu ne te balades pas avec les autres familles, n'est-ce pas ?!" Elle a crié

"Oui, mais je peux t'expliquer", a commencé Tsel' tranquillement.

À ce moment-là, le père de Tsel est entré et a demandé : *"C'est quoi toute cette agitation ?"*.

" Ton fils traine avec les autres familles !" La mère de Tsel a expliqué.

"Tues puni !" Le père de Tsel a répondu en hurlant sans avoir besoin d'explication.

"Maman, papa, il pourrait avoir des problèmes !" Tsel s'est exclamé d'un ton paniqué.

Sa mère a commencé à se calmer et a regardé son père, qui a dit : "Ne cède pas, Vyslushat."

Elle a répondu : *"Si son ami est en difficulté, ne devrions-nous pas l'aider ?"*. Elle regarda Tsel' et continua : *" Le rêve que tu as fait signifie beaucoup plus que tu ne le penses. Ma mère avait l'habitude de rêver comme toi, jusqu'au jour où elle a rêvé qu'une personne nommée Agape l'appelait pour qu'elle parte. Elle a écouté et est partie. Quand ma mère rêvait de quelque chose, cela se passait presque toujours comme elle le voyait. Elle sentait que son but était d'obéir et de partir. J'imagine que tu sens que ton but est de sauver ton ami ?"*

"Oui, maman", répondit Tsel' calmement.

"Chéri", elle a regardé mon père. *"Nous devons le laisser partir."*

Pik semblait incertain. Après une minute de réflexion, il a pris la parole : *"Je ne suis pas d'accord avec cette décision."* En entendant cela, le visage de Tsel est devenu triste. Poursuivant, son père a dit : *"mais je sais ce que c'est que de perdre un ami"*. En disant cela, Tsel' et sa mère savaient qu'il parlait de son meilleur ami. Le père de Tsel' s'en voulait de ne pas l'avoir sauvé lorsqu'il avait été pris dans un filet, des années auparavant.

Tsel' et sa mère ont regardé Pik et Tsel' a dit : *"Papa, tu ne peux pas te culpabiliser pour le passé".*

Pik a regardé Tsel' et a répondu : *"Tu as raison et je crois aussi que tu devrais aller sauver ton ami".* Tsel' les a embrassés tous les deux et a nagé vers le clubhouse.

"Sois prudent !" Sa mère a crié.

"Je le ferai !" Tsel' a répondu en criant. En arrivant au bateau, il a vu Alziwaq qui l'attendait. *"Allons-y"*, dit Tsel'.

Alziwaq le regarda et dit : *"Dans quelle direction allons-nous ?"*

"Nous devons 'suivre le soleil à rebours." Ils ont tous deux réfléchi à ce que cela signifiait.

Alziwaq prit la parole : *"Devrions-nous demander à un Salaria ?"*

Tsel' répondit rapidement, *"NON !"*

"Ok, ok ! Pourquoi pas ?" demanda Alziwaq.

Tsel' ne regarda même pas Alziwaq. C'était comme s'il était perdu dans son propre esprit. Il dit soudain, toujours sans le regarder : *"Je ne peux pas en parler maintenant ; disons simplement qu'ils m'ont fait faire quelque chose qu'aucun poisson ne devrait jamais faire."*

Juste à ce moment-là, Tsel' a compris : *"Et si nous demandions à Mar'ah ? Je sais ce que tu penses, mais elle est très sage."*

Alziwaq est resté assis en silence, puis a admis : *"Nous pouvons utiliser toute l'aide que nous pouvons obtenir."*

Ils se sont tous deux rendus à l'école et l'ont vue en classe. Le professeur était entrain de donner le cours. *"Comment pouvons-nous attirer son attention ?"* se demandent-ils en silence.

Alziwaq a eu une idée brillante : *"Et si je distrayais le professeur, pendant que tu te faufile à l'intérieur pour lui parler ?"* Alziwaq se dirige vers le professeur et lui dit : *"J'ai mal à l'estomac, j'ai peut-être mangé trop d'escargots"*.

Le professeur a été pris au dépourvu et ne savait pas quoi dire, alors il l'a fixé du regard simplement. Alziwaq a retenu son eau et a commencé à flotter vers la surface. Le professeur, qui est de la famille Kinneret, essaie frénétiquement de le faire descendre, mais Alziwaq pèse tellement lourd que c'est presque impossible. La classe entière riait. Tsel' s'est faufilé là où était Mar'ah et quand elle l'a vu, elle a dit, *"Super ! Qu'est-ce que tu veux ?"*

"Nous avons besoin de ton aide", lui chuchota Tsel'.

" Tu aurais dû y penser avant de me virer de ton club ! ".

"Mais ce n'était pas moi. Nous sommes désolés !" répondit Tsel'.

"Et pour Ma'an ? Est-il désolé lui aussi ?" demanda-t-elle avec attitude.

"Oui, pour lui... C'est pourquoi nous sommes ici. Ma'an est perdu et nous pensons savoir comment l'aider."

"J'écoute", dit Mar'ah.

"Ok, alors comment fait-on pour suivre le soleil à rebours ?"

"Dirige-toi vers l'endroit où le soleil se lève (a commencé), idiot !".

Tsel' avait l'air embarrassé. *"Oh oui, nous le savions"*, dit-il en riant.

"Où allez-vous les gars ?"

"Nous nous dirigeons vers les Sages ; ils pourront peut-être nous aider à trouver Ma'an. On nous a dit que nous devions suivre le soleil dans le sens inverse.

Je veux dire qu'il aurait pu simplement dire "Est" pour commencer. Mec, ce professeur ! Quoi qu'il en soit, nous sommes censés aller jusqu'à ce que nous atteignions six sources et la septième sera au milieu."

Mar'ah était silencieuse, elle restait assise à réfléchir. Tsel', voyant le professeur redescendre parce qu'Alziwaq ne pouvait plus retenir son eau, dit : *"Merci Mar'ah."* Il a nagé vers Alziwaq.

Dès qu'Alziwaq a vu Tsel' partir, il a dit : *"Wow, je me sens tellement mieux, merci ! Au revoir !"* Et avec ça, ils sont partis à la nage.

"Les garçons, vous pensez que c'est une blague ?!" Le professeur leur a crié dessus et la classe a éclaté de rire.

Les garçons se sont dirigés vers l'Est jusqu'à ce qu'ils arrivent aux montagnes sous-marines. Les montagnes étaient couvertes de petits animaux minuscules appelés *Zooplancton*. Les produits chimiques de ces animaux faisaient briller une lumière qui émanait d'eux appelée *Luciférine*. Il y avait tellement de zooplanctons sur ces montagnes qu'ils brillaient. C'était un spectacle à voir ! Certaines parties des montagnes étaient recouvertes d'algues qui attiraient des micro-organismes appelés *Phytoplancton*. Le phytoplancton est la source de nourriture des zooplanctons[10]. Alziwaq a rapidement attrapé un escargot dans la montagne. Il y avait tellement d'espèces différentes de poissons que c'était presque accablant pour Alziwaq et Tsel'. Les montagnes étaient de chaque côté d'eux et il y avait presque un chemin en plein milieu. Il était difficile pour eux de compter toutes les montagnes. Tous les poissons nageaient au milieu, vaquant à leurs occupations. C'était une autoroute pour les poissons. Tsel' a arrêté de nager et a simplement flotté là. Il a regardé Alziwaq et a dit : *"Absorbons et admirons tout ça. Ma mère m'a dit un jour que ceux qui vivent une vie d'admiration et d'émerveillement vivent vraiment."*

Après une minute, Alziwaq a dit en plaisantant : *"C'est assez profond"*. Se rendant compte que Tsel' était plutôt sérieux, Alziwaq se dégagea les branchies et dit : *"Je vais plonger là-dessus."* Comme ils approchaient de la fin de cette autoroute de l'eau, ils ont vu un abîme sombre et s'y sont dirigés à contrecœur. Il faisait sombre quand ils y sont entrés, mais ils ont continué. Il y avait, devant eux, six sources qui brillaient blanches et, au milieu, une septième source rouge.

En se rapprochant, ils ont entendu deux voix parler à l'unisson : *"Pourquoi êtes-vous ici ?"*

"Nous recherchons un ami", dirent les garçons pleins de peur.

"Votre ami n'est pas ici, mais vous avez un rêve à nous raconter."

Alziwaq avait l'air confus, Tsel' a pris la parole et a demandé : *"Comment saviez-vous que j'avais un rêve à vous raconter ?"* Soudain, deux femmes poissons sortirent de la source blanche devant eux. Elles étaient âgées, mais étonnantes, leurs visages brillaient. Elles avaient de longs cils et leurs yeux étaient féroces.

L'une d'elles était de la tribu de Tsel ; elle l'a regardé et a souri. Il ne savait pas quoi dire mais elle a dit : *"Je sais que tu as fait un rêve parce que je rêve aussi comme toi"*.

Tsel' a été pris de court et a réalisé : *"Grand-mère Mae !"*

"Oui, mon chéri ?" Il a rapidement nagé vers elle et l'a embrassée. *"Qui est ton ami ?"*, a-t-elle demandé.

Tsel' répondit : *"C'est Alziwaq."*

"Ravi de te rencontrer Alziwaq. Je m'appelle Mae et voici mon amie Lynn." Lynn était de la famille Biny comme Alziwaq et elle le regarda comme si elle était sur le point de dire quelque chose quand Grand-mère Mae dit d'une voix paisible : *"Raconte-moi ton rêve Tsel"*

Tsel' commença à raconter son rêve : *"Pendant mon sommeil, j'ai été envahi par l'obscurité qui était si épaisse que j'avais l'impression d'être étouffé. Au moment où j'ai cru que j'allais m'évanouir, une lumière a jailli. Cette lumière ne ressemblait à aucune autre lumière que j'avais vue. Elle me consumait. C'était comme si la lumière était vivante. Bien qu'elle brillait sur moi, derrière moi il n'y avait aucune ombre. Je me sentais accueilli et aimé-- comme si j'étais chez moi. Pendant ce moment euphorique, j'ai regardé à ma droite et j'ai vu le chiffre six face à un miroir. Mais je ne pouvais pas voir ce qu'il y avait dans le miroir. J'ai entendu une voix, une voix douce qui résonnait, dire :* " *Va voir ce qu'est le reflet du six* "*. Alors, j'ai nagé près du miroir. A mon grand étonnement, ce n'était pas ce que je pensais. Le reflet était un mot de six lettres. Avant que je puisse pleinement comprendre ce que je voyais, la partie supérieure du six est tombée et tout ce qui restait était un zéro, et son reflet était la lettre "I" du mot a six lettres.*

Lynn a pris la parole et a demandé : *"Le mot que tu as vu était-il unifié ?"*

Tsel' a été choqué et a nagé en arrière. *"Oui. . . Comment avez-vous…"*

Avant qu'il n'ait fini de parler, sa grand-mère a répondu : *"Tout ce que nous savons ne nous appartient pas, cela n'a pas été gagné, cela nous a été enseigné par Celui à qui nous appartenons. Ton rêve dépeint ton but. Tu es l'un des six."* Elle a regardé Alziwaq, *"Toi aussi tu es l'un des six ; quatre d'entre vous manquent. Il y a un dicton qui dit : "Le but doit être exprimé de trois manières différentes par celui à qui il appartient, et il doit être reflété de trois manières différentes à chaque fois par ceux qui en sont la réflexion par le nom".* Mae regarda son petit-fils confus. *"Je ne peux pas te dire cela, mais tu le sais."* Tsel' flottait là, troublé, et sa grand-mère lui demanda : *"Sais-tu ce que signifie ton nom ?"*

"Non", répondit Tsel'. *"Qu'est-ce que ça veut dire ?"*

"Le but. Maintenant, va chercher ton ami. Il se dirige vers le Temple. Suis le courant vers le Sud jusqu'à ce que tu atteignes le site ; n'abandonne pas. Sois discret sur tes plans, car Celui qui reflète la lumière mais n'a pas sa propre lumière, a des petites créatures qui font ce qu'il veut. De plus, il y a trois filles qui te suivent de près ; emmene-les avec toi."

Chapitre 14

Mar'ah la sage

Mar'ah

Dès ma naissance, j'étais inhabituellement silencieux. Ma mère m'a dit que je ne pleurais pas ou que je ne crierais pas comme le font les autres poissons. En grandissant, je suis restée réservé. C'était en partie dû à ma personnalité et en partie au fait que mon frère, *David,* parlait en mon nom. De toute façon, je préférais observer ce que faisaient les autres plutôt que de parler. Il y avait beaucoup à apprendre en observant les poissons. Une chose est que tous les poissons ont des tendances innées au mal. *Chaque poisson pour soi !* Il était impossible de trouver quelque chose ou quelqu'un digne de confiance. Donc, j'évite les grands bassins de poissons.

J'ai entendu la prophétie, mais j'ai essayé de la rationaliser. Vous ne pouviez pas croire tout ce que les gens vous disent, à moins que vous ne vouliez être un escargot-- qui est un terme très insultant, d'ailleurs. Traiter quelqu'un d'escargot, c'est dire qu'il est crédule, ignorant et lent ! Je ressemble beaucoup à mon père, *Melech,* même s'il ne le voyait pas au début. Nous aimions tous deux observer les gens et nous avons toujours pensé que nous pouvions faire les choses mieux que la plupart des poissons. Ma mère, *Milcah,* était tout le contraire, mais c'était une bénédiction, elle m'a aidé avec mes manières perfectionnistes. Quand vous êtes perfectionniste, vous avez tendance à penser que votre façon de faire est la meilleure, alors quand ma mère faisait les choses à sa façon et qu'elles fonctionnaient, cela me rendait humble.

Ils nous ont tous deux appris ce qu'est *Agape*. Il était à l'origine de la prophétie. Je me souviens leur avoir demandé si Agapè était juste. Tous les poissons n'étaient pas les mêmes et cela me dérangeait qu'il semble y avoir une hiérarchie entre tous les poissons. Ma mère a simplement répondu *" non "* et en est restée là.

Voyant ma confusion, mon père a expliqué la réponse de ma mère : *" Si Agapè était juste, Mar'ah, tous les poissons seraient morts. Tu vois, Agapè connaît le cœur et les motivations des poissons."* Mon père me fixait intensément en disant cette dernière partie. *"Nous avons tous de mauvaises motivations sur lesquelles nous agissons parfois. S'il nous jugeait sur l'équité, nous serions tous punis."*

Après qu'ils aient dit cela, j'ai demandé : *"Alors, pourquoi sommes-nous encore ici ?"*

Ma mère, qui était pleine de compassion, a répondu : *" La miséricorde triomphe du jugement et Agapè est plein de miséricorde. "*

Je me suis souvenu des paroles de mes parents après que Tsel' ait quitté la classe et je suis parti à la recherche de Ma'an. Au début, je pensais qu'il méritait ce qui lui arrivait, mais en réfléchissant à ma vie et à tout ce que ma mère et mon père m'ont appris sur Agape, j'ai su qu'il m'incombait d'aider.

De plus, ces garçons ne pourraient pas passer une journée sans nous, les filles.

C'était dans ce moment de prise de conscience de la miséricorde d'Agapè que j'ai essayé de joindre mon amie Aineakas, qui se disputait avec le professeur au sujet de son devoir. Elle est finalement revenue à la nage vers sa chaise rocheuse qui était à côté de moi. Je l'ai regardée et elle pouvait lire dans mes pensées. Aineakas, Zerkalo et moi étions amies depuis si longtemps ! Elles m'ont sauvé la vie une fois. Je m'en souviens comme si c'était hier.

Nous jouions tous près de quelques pierres, il y avait une grotte juste à côté. Certains des poissons Biny ont attendu que je nageais à côté de la grotte et deux d'entre eux m'ont poussé à l'intérieur, tandis que les autres ont poussé le rocher qui était au sommet de la grotte vers le bas pour que l'entrée soit fermée. J'ai paniqué ! Il n'y avait aucune issue pour moi ! Il y avait bien quelques trous, mais ils étaient trop petits pour moi ! Je ne savais pas quoi faire ni ce que j'allais devenir ! Je n'avais pas encore rencontré Zerkalo et Aineakas. En fait, je ne pouvais pa dire que j'avais de vraies amies à appeler à ce moment-là. C'est dans ce moment de désespoir que Zerkalo est entrée à la nage dans la grotte par l'un des petits trous. Elle m'a regardé et m'a dit : *" Salut, je suis Zerkalo ! Ne t'inquiète pas ! Nous allons trouver un moyen de sortie !"* C'était tellement réconfortant de savoir que quelqu'un avait vu ce qui m'était arrivé et que je n'étais pas seul.

Je pouvais entendre de l'agitation à l'extérieur de la grotte. *"Je reviens tout de suite. Tiens bon"*, a dit Zerkalo, et elle a nagé pour sortir par le trou du haut.

A l'extérieur de la grotte, une fille du nom d'Aineakas criait sur les garçons de sa propre tribu. Elle criait : *"Si vous ne m'aidez pas à la faire sortir, alors aidez-moi !"*.

L'un des poissons qui m'a poussé a dit : *"Pourquoi devrions-nous l'aider ? C'est une infidèle-- , elle ne fait pas partie de notre clan."*

Aineakas les a fixés du regard et a nagé vers eux férocement ! Ils étaient tous surpris. Avant qu'ils ne puissent réagir, elle les a frappés un à un dans le ventre. Elle a ensuite dit : *"Si vous ne l'aidez pas, je ferai en sorte que chaque jour du reste de votre vie soit misérable !"*

Sous la douleur, ils ont tous accepté à contrecœur d'aider. L'un d'eux fit le commentaire suivant : *"Tu as de la chance que ton père soit notre chef."*

En arrivant au rocher qu'ils ont mis au-dessus de la grotte, les garçons ont pleurniché et ont dit : *"Comment sommes-nous censés déplacer ça ?"*.

Aineakas les a regardés et a répondu : *"Vous auriez dû y penser avant de le rocher !"*. Elle ajouta rapidement : *"J'ai une idée : le sable du fond où le rocher s'est posé est mou.*

Si nous utilisons nos queues et les déplaçons d'avant en arrière pendant que les autres poissons poussent, cela faciliterait le déplacement de la pierre !"

"Je ne me tiendrai pas devant cette pierre !" dit craintivement l'un des garçons.

Aineakas le regarda et dit : *"Je vais le faire, espèce de lâche !"*. Elle s'avança et commença à bouger sa queue d'avant en arrière avec véhémence. Le sable s'est répandu dans l'eau comme une tempête de poussière. Les garçons ont commencé à pousser, et je pouvais voir que ça commençait à s'ouvrir.

J'ai essayé de me faufiler par l'ouverture supérieure quand tout à coup, les garçons ont arrêté de pousser et la pierre a serré ma queue. J'ai crié de douleur et de terreur. Ma queue s'est mise à palpiter, et j'ai involontairement crié *"Au secours !"*. Je savais que Zerkalo et Aineakas étaient toujours là à essayer de faire tout ce qu'elles pouvaient pour me libérer.

Les garçons sont partis à la nage et Aineakas leur a crié dessus : *"Vous feriez mieux d'espérer que je ne vous croise pas !"*. Elle a rapidement nagé jusqu'au sommet de la pierre où j'étais et a essayé de me pousser vers l'avant, mais ma queue était blessée quand elle a poussé.

Zerkalo est restée là sans savoir quoi faire. Elle a suggéré : *"Nous devrions peut-être essayer d'enlever la pierre."*

Aineakas regarda Zerkalo et demanda, *" Par Nous ? tu veux dire toi et moi?"*

"Oui," dit Zerkalo.

Aineakas a poursuivi en disant : *"Tu es..."*

Avant qu'elle n'ait fini, Zerkalo a pris la parole et a demandé, *"Je suis quoi ? Un poisson nain ?!?!"*

Aineakas a répondu d'un air penaud, *"Non, non.... Humm. . . Je pensais plutôt à quelque chose comme... ... tu as perdu la tête ! Ouais ! Parce que nous ne sommes que deux !"*

"Ouais, ouais", répond Zerkalo d'un ton irrité.

J'ai pris la parole, *"Poisson, j'ai un peu mal !"*

"Oh ! Ouais ! Nous arrivons !" répondent-elles toutes les deux en criant.

Aineakas a poussé sur le côté droit du rocher tandis que Zerkalo bougeait sa queue d'avant en arrière avec la force centrifuge. À ma grande surprise, le rocher a bougé et je suis sortie rapidement à la nage. Aineakas, qui pouvait me voir, a arrêté de pousser quand elle a vu que j'étais libre, mais Zerkalo a continué parce qu'elle était couverte de sable.

Nous avons toutes les deux ri et dit : *" Tu as prouvé ce dont tu es capable "*.

En nous entendant rire, elle s'est arrêtée et a demandé : *"Qu'y a-t-il de si drôle ?"*

"Rien", dit Aineakas, en essayant d'étouffer son rire.

"Viens par ici !" Je l'ai invitée. Elle a nagé jusqu'ici.

Aineakas m'a demandé : *"Quel est ton nom ?"*

J'ai répondu : *"Mar'ah."* Ayant déjà rencontré Zerkalo, j'ai demandé : *"Comment t'appelles-tu ?"*

"Je m'appelle Aineakas", a-t-elle répondu.

A partir de ce moment-là, nous étions toutes les trois amies. Les familles auxquelles nous appartenons n'avait pas d'importance pour nous. Donc, quand j'ai regardé Aineakas, elle savait ce que je pensais car elle a vu Tsel' et Alziwaq quitter notre classe également. Elle a commencé à souffler une bulle sur Zerkalo pour attirer son attention. Quand la bulle l'a touchée, elle a éclaté et elle a dit *"Hé !"*. Zerkalo s'est retournée et nous a vues. Nous avons toutes les deux pointé notre nageoire droite vers le haut, et elle avait cette expression sur son visage : *"C'est reparti !"*.

Aineakas prit la parole et dit : *"Nous aimerions bien rester professeur, mais nos parents se sont tous pris dans un filet ! Et nous, hummm, nous,"* balbutia Aineakas, *"devons aller les sauver !"* Notre professeur n'était pas dupe, mais nous nous sommes rapidement éloignés à la nage.

"Où est-ce qu'on va ?" Aineakas a demandé.

J'ai répondu : *"Rendre visite aux voyantes. Nous devons suivre le soleil à rebours."* Zerkalo m'a regardé pendant que je nageais avec un visage abasourdi et j'ai rapidement répondu à sa place: *"Est."*

Chapitre 15

Aineakas la guérisseuse

Aineakas

"N'oublie jamais d'où tu viens", disait mon père . "Tu es un Canis et une princesse, Aineakas." Chaque fois que j'entendais mon père dire cela, je me sentais accablée. Des pensées de décourager tout le monde me traversaient l'esprit. C'était une telle pression d'essayer d'être à la hauteur des standards que mon père avait pour moi. Je n'avais pas à cœur de diriger mon peuple, mais de lui faire honneur en accomplissant la prophétie. Mon père, cependant, ne croyait plus en la prophétie. Il était plus préoccupé par notre avenir et s'assurait que sa lignée régnait sans partage. Il croyait au destin.

Depuis que j'étais jeune, on m'a appris à me battre. "Encore !" criait mon père alors que j'étais frappée par son serviteur, Yahmi. Yahmi faisait une pause. Il avait pitié de moi alors que je gisais au fond de la mer, incapable de me relever de l'impact qui venait de me vider de l'eau. D'un autre côté, mon père avait peu de compassion pour moi lorsque je me faisais frapper. En fait, il se mettait en colère contre Yahmi s'il ne me frappait pas dès que mon père criait "encore". Je l'entends encore gronder Yahmi : " Quand je dis 'encore', ne t'arrête pas ! C'est compris ?"

Yahmi répondait : "Oui, Roi Zaeim."

"Lève-toi Aineakas !" Mon père m'a crié dessus. Plein de rage, je me suis relevée à la nage et j'ai repris l'entraînement.

Tous ces souvenirs ont traversé mon esprit alors que nous nous dirigions vers la visite des Sages. Si je suis allée à l'école, c'est parce que mon père avait signé un traité de paix-temporaire, comme il disait. Notre clan a été pris en embuscade par ceux qui servent Paragon.

Ma mère, mes frères et mes sœurs ont tous péri. Nous avons perdu la moitié de notre clan. Bien que mon père aimerait conquérir tout Rocky Cove, il n'avait pas de poissons pour le faire. Alors, il a attendu un moment opportun. Il était consumé par le pouvoir. Je savais que faire ce voyage signifiait abandonner ma couronne, mais voir mon père consumé par le pouvoir m'a fait comprendre qu'une couronne ne faisait pas de vous un meilleur poisson.

"Aïe !" Mar'ah a crié.

Zerkalo et moi nous sommes arrêtées et avons demandé, "Qu'est-ce qui ne va pas ?"

"Ma queue me fait mal", admit Mar'ah souffrante.

C'est à cause de la blessure qu'elle a eue il y a des années après avoir été jetée dans cette grotte. Zerkalo l'a regardée et lui a dit : "Ça n'a pas l'air bon ! Il n'y a aucune chance que nous y arrivions. Nous devons faire demi-tour."

"Non", a crié Mar'ah d'une voix brisée par la douleur.

Je l'ai regardée et j'ai dit : "Je peux aider, du moins je le pense." J'ai nagé près de sa queue et j'ai dit, "Ne te moque pas de moi." J'ai pris ma nageoire droite et l'ai placée sur sa queue et je n'ai rien dit pendant une minute. Zerkalo m'a regardée comme si je perdais la tête. Alors j'ai parlé, "Tu es le guérisseur, Agape, s'il te plaît, guéris mon ami." C'est alors que Mar'ah a bougé sa queue d'avant en arrière. A son grand étonnement, toute la douleur était partie.

Elles m'ont toutes les deux regardé avec incrédulité. Mar'ah a pris la parole, "Je pensais que personne dans votre clan ne croyait en Agapè ?"

Je l'ai regardé et j'ai dit, "Personne dans mon clan ne croyait, —du moins à ma connaissance—, jusqu'à..."..." J'ai attendu une minute pendant que nous flottions là et j'ai continué, "Jusqu'à ce qu'Il me trouve."

"Te trouver ?"

"Oui, Il m'a trouvée. Mon coeur cherchait quelque chose et cette lumière brillante a brillé sur moi, et il en est sorti les mots, 'Agapè te connaît'"

68

Mar'ah et Zerkalo ont regardé Aineakas. Zerkalo a demandé: *"Comment as-tu obtenu les pouvoirs de guérison ?"*

J'ai souri et répondu, *"Je n'ai pas obtenu les pouvoirs de guérison."* Ils m'ont toutes les deux regardé d'un air gêné, et j'ai continué, *"J'ai reçu Agape ; la guérison dérivait du fait qu'Il vit maintenant en moi."*

Chapitre 16

Le reflet d'un miroir

Le Narrateur

Après qu'Aineakas ait fini de parler, les filles continuèrent leur voyage. Elles arrivèrent à l'endroit qui bouillonne de vie ; il y a des poissons de toutes sortes partout, chacun vaquant à ses occupations. Les filles ont observé les montagnes sous-marines qui étaient couvertes de petits animaux minuscules appelés Zooplancton. C'était une merveille à voir car ils faisaient briller toutes les montagnes de couleurs vives. En regardant de plus près les montagnes, elles pouvaient voir des escargots et des crabes défendre leurs territoires. Aineakas a rapidement attrapé quelques escargots pendant que Mar'ah et Zerkalo broutaient sur l'une des montagnes.

Devant eux se trouvait l'abîme. Zerkalo, qui n'était pas sûre qu'elles devaient s'aventurer dans l'abîme, demanda : "Est-ce que nous allons dans cet endroit ?"

Les filles s'arrêtèrent toutes les deux et Mar'ah répondit, *"Eh bien... si les garçons sont allés par-là, alors peut-être que nous devrions aussi y aller."*

Zerkalo, toujours incertaine, demanda, *"Et s'ils sont tous morts et que nous allons dans un piège ?"*

Aineakas demanda à Zerkalo, *"As-tu peur ?"*

Même si elle hésitait, Zerkalo s'est écriée : *"Je n'ai peur de rien !"*.

Alors qu'elles étaient là à se demander si elles devaient entrer ou non, elles aperçurent Tsel' et Alziwaq qui sortaient de l'abîme à la nage et un regard de soulagement se dessina sur le visage des filles. Comme les garçons nageaient vers les filles, Aineakas a parlé, *"Dans quoi vous êtes-vous embarqués les garçons ?"*

Tsel' a répondu rapidement, *"Il n'y a pas de temps pour expliquer. Nous devons y aller !"*

Mar'ah a demandé avec assurance, *"Où devons-nous aller ? Nous méritons une explication !"*

Alziwaq et Tsel' passèrent les quelques instants à relater les événements qui s'étaient déroulés jusqu'à présent. Dès qu'ils ont mentionné *Paragon*, l'expression du visage d'Aineakas est devenue furieuse, puis triste. Les autres poissons ont remarqué le changement de son comportement et lui ont demandé ce qui n'allait pas.

Aineakas les a regardés et a dit : *"Le poisson qui a assassiné la moitié de mon clan, y compris ma mère et toute ma famille sauf mon père et moi, servait Paragon."*

Tous ont été envahis par la peur après avoir entendu ce qu'Aineakas a dit. Zerkalo est restée silencieuse pendant tout le temps où Aineakas leur racontait ce qui était arrivé à sa famille. Même si Zerkalo a échangé des regards avec les autres, elle n'a pas dit un mot. Alziwaq, à ce moment-là, a eu une parole de sagesse pour Zerkalo. Il l'a regardée et a dit : *"Tu sais qui est Paragon, n'est-ce pas ?"*

Zerkalo a été prise au dépourvu par la question et elle a dit tranquillement : *"Il est venu me voir une fois"*. Elle a commencé à raconter son histoire :

"Aussi petite que je suis, ce n'était pas facile pour moi en grandissant ; Tsel' peut attester à quel point c'est difficile." Tsel' hocha la tête en signe d'accord. Zerkalo poursuivit : *"J'étais tout le temps battue. Je rentrais à la nage après l'école et je racontais à mes parents ce qui se passait, mais ils ne pouvaient pas faire grand-chose. C'est un monde où les poissons se mangent entre eux, si vous voyez ce que je veux dire. Ça a tellement empiré qu'un jour, j'ai exprimé ma colère. J'ai dit, j'aimerais ne pas être en vie ! Et je le pensais ! Au moment où ces mots sont sortis de ma bouche, j'ai senti comme si quelque chose de sombre entrait dans mon cœur."*

Tout le monde regardait intensément Zerkalo, qui s'était arrêtée de parler pendant un moment. Mar'ah rompit le silence et demanda ce qu'ils pensaient tous : *"Qu'est-ce que c'était ?"*

Zerkalo a répondu, *"C'était Paragon."* Ils ont tous flotté un peu en arrière alors que la peur s'emparait de chacun de leurs cœurs. Voyant leur réaction, Zerkalo dit rapidement, *"Paragon n'est plus là !"* Ils se détendirent tous.

"Dites-nous ce qui s'est passé !" dit Alziwaq avec impatience.

Zerkalo reprit son histoire : *"Paragon est entré parce que je l'ai invité. Je ne l'ai pas invité exprès, mais par ignorance. J'entendais sa voix dans mon esprit me disant que je devais me faire du mal. Il me disait : 'Personne ne se soucie vraiment de toi, pas même tes parents ! Tu ferais mieux de te faire du mal. C'était si tourmentant ; je ne pouvais pas dormir."*

"Qu'as-tu fait ?" demanda Aineakas.

Tsel' a pris la parole : *"De toute évidence, ce n'est pas elle qui a fait ça."*

"Pas amusant !" dit Mar'ah.

"Je n'essayais pas d'être amusant", répondit Tsel' pour se défendre.

"Poissons, laissez-la finir de raconter l'histoire", dit calmement Alziwaq.

Zerkalo continua : *"En fait, j'ai commencé à planifier comment me faire du mal, quand quelque chose s'est produit que je n'attendais pas."* Ils se sont tous mis dans l'attente de ce qu'elle s'apprête à dire. *"Je suis tombée sur un poisson Aphanius Mento nommé Dóxa. Il est sorti de nulle part et on aurait dit qu'il était pressé d'aller quelque part. Pourtant, il s'est arrêté sur son chemin et m'a regardé. Son regard était perçant, comme s'il pouvait lire dans mes pensées.*

Dóxa s'est présenté à moi, puis il m'a demandé : *"Sais-tu ce que signifie ton nom ? "*. Je l'ai regardé et j'ai lentement secoué la tête, *'Non…'* Dóxa a répondu, *'Ton nom signifie miroir'*. Je flottais là, captivée par ce qu'il disait. Il a poursuivi en disant : *"Les miroirs ont ceci de particulier qu'ils peuvent refléter quelque chose de beau ou de laid. Si un miroir est placé devant quelque chose de laid, il y restera jusqu'à ce qu'on le déplace. S'il est placé devant quelque chose de beau, il restera là jusqu'à ce qu'il soit déplacé. Que veux-tu refléter ?"*

Zerkalo a poursuivi en racontant comment elle a réfléchi à la question de Dóxa pendant plusieurs minutes, puis a finalement marqué une pause dans son esprit. Elle a poursuivi son récit : *"Je lui ai dit : 'Je ne sais pas'. "Tu as raison",* a répondu Dóxa. Je l'ai regardé, un peu confuse par sa réponse. Il a poursuivi en me disant : *"Tu as raison dans le sens où tu ne connais pas la réponse à la question que tu te poses. Le but de cette question était de te révéler le contenu de ton propre cœur. La deuxième question est celle que tu dois connaître : Qu'as-tu été créée pour refléter ?"* Zerkalo a suspendu la tête en se souvenant de la rencontre avec Dóxa. *"Je n'ai pas répondu à Dóxa. J'ai juste flotté là, silencieuse. Comme si je n'avais pas de voix. Mais Dóxa ne m'a pas jugée. Il m'a juste regardé avec compassion et a dit 'Agape'. Dès qu'il a dit "Agapè", j'ai entendu une voix dans ma tête crier "Non !" et dire "Tu appartiens à Paragon !". Immédiatement, j'ai eu une migraine et j'ai eu mal au ventre. Dóxa a dit : " Tout ce que tu as à faire, c'est d'appeler Son nom et de demander son aide et le tourment que tu ressens s'en ira ". J'ai crié : "AGAPE ! !! AIDE !!! Dès que j'ai dit cela, toute la douleur a disparu et j'ai senti quelque chose-ou plutôt quelqu'un-quitter mon corps. Le Paragon s'est enfui lorsque j'ai invoqué Agapè.*

À partir de ce jour, je pouvais discerner ce qui était bien et ce qui était mal. Je pouvais également discerner quel genre d'esprit se cachait derrière une situation ou un poisson. Je sais ceci," ajouta Zerkalo, *"J'ai ressenti la présence du Paragon et il est dépourvu de tout bien. Le fait est que c'est le mal à l'état pur."*

Mar'ah a regardé Zerkalo et a demandé : *"Pourquoi penses-tu qu'invoquer le nom d'Agape t'a débarrassé de ces pensées ?"*.

Zerkalo est restée assise pendant une seconde, puis les a tous regardés et a répondu : *"Paragon est le père du mensonge. Son pouvoir réside dans le fait que des individus comme moi croient à ses mensonges. Agapè, par contre, est le père de la vérité et de l'amour parfait. L'amour parfait chasse toute peur car la peur a à voir avec la punition !"*

Alors qu'ils flottaient tous là, ils n'étaient pas conscients que quelque chose les observait. Ils n'étaient pas seuls. Les Sages avaient mis en garde les garçons contre les minuscules créatures qui servent Paragon. A leur insu, chaque mot prononcé était entendu.

Remerciements

J'ai appris, dans ma vie, qu'avec de vrais amis, on peut tout accomplir. J'ai quelques personnes à remercier pour ce livre.

Tout d'abord, j'aimerais remercier mon Seigneur et Sauveur, Jésus-Christ ! Je n'aurais même pas pu avoir cette idée sans l'inspiration du Saint-Esprit.

Deuxièmement, ma femme, qui est ma meilleure amie et mon soutien numéro un.

Je n'aurais pas pu faire cela sans mon éditrice, Britani Overman. Elle a cru en moi en tant qu'écrivain et a osé m'accorder une chance avant même que quiconque ne sache que je pouvais écrire.

Mallory Arzola, Megan Shelby, Jacquelyn Holmes et Jason Rutel, du fond du cœur, merci !
Pour découvrir les projets de Jason Rutel, rendez-vous sur thecreativenomads.com.

Teri Bickford, sans toi, je ne pense pas que j'aurais pu aller en Israël. Sans ce voyage, ce livre n'aurait jamais vu le jour. Je te remercie pour tout ce que tu as fait pour ma famille. Que Dieu vous bénisse abondamment !

Matthew Daniels, mon frère, je ne pourrais pas faire beaucoup de choses sans toi à mes côtés.
Merci pour l'incroyable collaboration que tu as faite pour ce projet.

Enfin, Gabriella Anato. C'est le commencement de ton aventure en tant qu' illustratrice. Je suis fière de toi Gabby, tu aides à rendre le monde meilleur grâce à l'amour que tu portes à Jésus.

Bibliographie

ⁱ "Tristramella Simonis." *Wikiwand*, https://www.wikiwand.com/en/Tristramella_simonis.

ⁱⁱ The Editors of Encyclopaedia Britannica. *"Tilapia."* Encyclopædia Britannica, Encyclopædia Britannica, Inc., 29 Apr.2011, https://www.britannica.com/animal/tilapia.

ⁱⁱⁱ "Jesus' Gift to Peter and His Fishing Partners." *Adefenceofthebiblecom,* 30 Oct. 2019, https://www.adefenceofthebible.com/2019/10/30/jesus-gift-to-peter-and-his-fishing-partners/.

^{iv} Brown, Driver, Briggs and Gesenius. "Hebrew Lexicon entry for Ma`an". "The NAS Old Testament Hebrew Lexicon"

^v "What Does قاوزلا (Alziwaq) Mean in Arabic?" *WordHippo*, https://www.wordhippo.com/what-is/the-meaning-of/arabic-word-f49b982f7b42be6c22fcabb384eb08bec1c54420.html.

^{vi} "What Does Цель (Tsel') Mean in Russian?" *WordHippo*, https://www.wordhippo.com/what-is/the-meaning-of/russian-word-e41413cd1f40844fa0bd4bda08a71764987f9ca8.html.

^{vii} "PRESENT STATUS OF MASS REARING OF FRY AND FINGERLINGS IN THE EIFAC REGION." *EIFAC Workshop on Mass Rearing of Fry and Fingerlings of Freshwater Fishes. Papers(1979)*, http://www.fao.org/3/ae993e/AE993E03.htm.

^{viii} "Mar'ah-Old Testament Hebrew Lexicon-King James Version." *Bible Study-Tools,* https://www.biblestudytools.com/lexicons/hebrew/kjv/marah.html.

^{ix} "What Does Зеркало (Zerkalo) Mean in Russian?" *WordHippo,* https://www.wordhippo.com/what-is/the-meaning-of/russian-word-53fbab42915996423c-52029cbb1823924a67db55.html.

^x "Bioluminescent Phytoplankton: What Makes It Glow?" *Google,* Google, https://www.google.com/amp/s/www.leisurepro.com/blog/explore-the-blue/bioluminescent-plankton-what-makes-it-glow/amp/.

www.ingramcontent.com/pod-product-compliance
Lightning Source LLC
Chambersburg PA
CBHW042036150426
43201CB00003B/41